ECONOMIA
NA REAL

Rogério Mori

ECONOMIA
NA REAL

Guia prático para
interpretar **a Economia**

ALTA BOOKS
EDITORA
Rio de Janeiro, 2021

Economia na Real

Copyright © 2021 da Starlin Alta Editora e Consultoria Eireli.
ISBN: 978-65-5520-643-2

Todos os direitos estão reservados e protegidos por Lei. Nenhuma parte deste livro, sem autorização prévia por escrito da editora, poderá ser reproduzida ou transmitida. A violação dos Direitos Autorais é crime estabelecido na Lei nº 9.610/98 e com punição de acordo com o artigo 184 do Código Penal.

A editora não se responsabiliza pelo conteúdo da obra, formulada exclusivamente pelo(s) autor(es).

Marcas Registradas: Todos os termos mencionados e reconhecidos como Marca Registrada e/ou Comercial são de responsabilidade de seus proprietários. A editora informa não estar associada a nenhum produto e/ou fornecedor apresentado no livro.

Impresso no Brasil — 1ª Edição, 2021 — Edição revisada conforme o Acordo Ortográfico da Língua Portuguesa de 2009.

Erratas e arquivos de apoio: No site da editora relatamos, com a devida correção, qualquer erro encontrado em nossos livros, bem como disponibilizamos arquivos de apoio se aplicáveis à obra em questão.

Acesse o site www.altabooks.com.br e procure pelo título do livro desejado para ter acesso às erratas, aos arquivos de apoio e/ou a outros conteúdos aplicáveis à obra.

Suporte Técnico: A obra é comercializada na forma em que está, sem direito a suporte técnico ou orientação pessoal/exclusiva ao leitor.

A editora não se responsabiliza pela manutenção, atualização e idioma dos sites referidos pelos autores nesta obra.

Produção Editorial
Editora Alta Books

Gerência Comercial
Daniele Fonseca

Editor de Aquisição
José Rugeri
acquisition@altabooks.com.br

Produtores Editoriais
Illysabelle Trajano
Maria de Lourdes Borges
Thales Silva
Thiê Alves

Marketing Editorial
Livia Carvalho
Gabriela Carvalho
Thiago Brito
marketing@altabooks.com.br

Equipe de Design
Larissa Lima
Marcelli Ferreira
Paulo Gomes

Diretor Editorial
Anderson Vieira

Coordenação Financeira
Solange Souza

Assistente Editorial
Mariana Portugal

Equipe Ass. Editorial
Brenda Rodrigues
Caroline David
Luana Rodrigues
Raquel Porto

Equipe Comercial
Adriana Baricelli
Daiana Costa
Fillipe Amorim
Kaique Luiz
Victor Hugo Morais
Viviane Paiva

Atuaram na edição desta obra:

Revisão Gramatical
Erica Y Roumieh
Gabriella Araújo

Capa
Marcelli Ferreira

Diagramação e Layout
Joyce Matos

Dados Internacionais de Catalogação na Publicação (CIP) de acordo com ISBD

M854e	Mori, Rogério
	Economia na Real: Guia prático para interpretar a economia / Rogério Mori. - Rio de Janeiro : Alta Books, 2021.
	192 p. ; 17cm x 24cm.
	Inclui índice.
	ISBN: 978-65-5520-643-2
	1. Economia. 2. Guia. I. Título.
2021-3384	CDD 330
	CDU 33

Elaborado por Vagner Rodolfo da Silva - CRB-8/9410

Ouvidoria: ouvidoria@altabooks.com.br

Editora afiliada à:

Rua Viúva Cláudio, 291 — Bairro Industrial do Jacaré
CEP: 20.970-031 — Rio de Janeiro (RJ)
Tels.: (21) 3278-8069 / 3278-8419
www.altabooks.com.br — altabooks@altabooks.com.br

Agradeço à minha esposa, Daniela, amor da minha vida, cujo incentivo foi fundamental para que este livro fosse escrito.

SUMÁRIO

Introdução: Compreender Economia é um processo de alfabetização que torna possível interpretar de forma clara a realidade que nos cerca. ix

Capítulo 1: Introdução 1

Capítulo 2: Produção e Renda 17

Capítulo 3: Inflação e Emprego 41

Capítulo 4: Dinâmica Macroeconômica 59

Capítulo 5: Política Monetária 81

Capítulo 6: Política Fiscal 105

Capítulo 7: Política Cambial 123

Capítulo 8: O Longo Prazo 145

Capítulo 9: Considerações finais: uma breve reflexão sobre a macroeconomia de ciclos 161

Índice 175

INTRODUÇÃO

COMPREENDER ECONOMIA É UM PROCESSO DE ALFABETIZAÇÃO QUE TORNA POSSÍVEL INTERPRETAR DE FORMA CLARA A REALIDADE QUE NOS CERCA.

Se existe um país em que a necessidade de entender de Economia é fundamental para a sobrevivência no mundo dos negócios, esse país chama-se Brasil. Não precisamos ir muito longe na história para enxergar o quão volátil são as variáveis macroeconômicas no nosso país. Se analisarmos desde a implementação do Real, em fins de junho de 1994, até hoje, o país atravessou várias crises e turbulências, muitas delas em decorrência de impactos de crises externas e outras gestadas internamente.

Em 1997, o país sofreu impactos adversos com a Crise da Ásia. No ano seguinte, os impactos vieram com a Crise da Rússia. No início de 1999, a economia brasileira sofreu um ataque especulativo e o país foi forçado a adotar o câmbio flutuante. Em 2001, o Brasil foi impactado negativamente duas vezes: no primeiro semestre pela Crise do "Apagão" (racionamento de energia elétrica) e pelo acirramento da Crise da Argentina. No ano seguinte, ante as incer-

X INTRODUÇÃO

tezas da eleição presidencial de 2002, a cotação do dólar atingia pela primeira vez R$4,00.

Os anos seguintes à primeira eleição do presidente Lula foram marcados pela queda da cotação do dólar, decorrência do aumento dos preços internacionais de *commodities* de exportação do país e dos ingressos de moeda estrangeira por conta dos juros elevados. A apreciação do dólar ajudou a segurar a inflação, contribuindo para o ciclo de expansão de crédito (e do consumo) no período. O interregno nesse processo ocorreu apenas em 2008, por conta da crise norte-americana, que levou a uma forte desaceleração na economia brasileira, seguida de uma rápida retomada.

No segundo mandato do presidente Lula, já era possível perceber uma gradual diminuição do *superavit* fiscal, algo que foi acentuado durante o primeiro mandato da presidente Dilma. A partir de 2015, o país ingressa em uma severa crise fiscal e mergulha em uma recessão. A urgência de reformas constitucionais entrou na pauta do governo Temer, após o impeachment da presidente Dilma em 2016. Em 2019, o governo Bolsonaro aprovou a reforma previdenciária e sinalizava para novas reformas na área tributária e administrativa em 2020 quando foi atropelado pela pandemia do novo coronavírus.

Como o leitor pôde perceber nos parágrafos anteriores, em um espaço de pouco mais de 25 anos, a economia brasileira foi afetada por inúmeros choques de naturezas diversas[1]. O impacto disso sobre o crescimento econômico, o emprego, a inflação, os juros e o câmbio não foi pequeno.

Por conta disso, é fundamental compreender como funciona a economia e como ocorrem os ciclos econômicos. Também é importante entender como o governo atua em diferentes situações. Esse tipo de compreensão é fundamental não apenas para a vida profissional, mas também para o plano pessoal.

Este é um livro que foi criado para leigos em Economia, que desejam compreender como é formada a produção e a renda de um país ao longo do tempo e o que condiciona os ciclos econômicos, bem como as respostas do governo em termos de política econômica. Esse entendimento permitirá uma melhor tomada de decisão nos negócios e na vida privada.

O linguajar simples e descomplicado tem como objetivo tornar a obra acessível a um público amplo, interessado em ampliar seu repertório em termos de Economia de uma forma prática. A partir disso, o leitor terá uma maior compreensão das discussões e do debate econômico do dia a dia, podendo refletir e participar mais ativamente do mesmo.

---

1 Uma piada recorrente é que o Brasil não é para amadores.

ESTRUTURA DO LIVRO

O capítulo 1 trata dos conceitos básicos de Economia. O foco desse capítulo é definir o escopo da ciência econômica, o conceito de mercado, a dinâmica dos mercados e da produção de bens e serviços em uma economia e os dois grandes ramos dessa ciência: a Macroeconomia e a Microeconomia.

O capítulo 2 apresenta os principais conceitos ligados à produção e à renda em uma economia. O capítulo descreve a lógica do fluxo circular da renda em um sistema econômico. A partir disso, é feita a conceituação do Produto Interno Bruto (PIB) sob suas diferentes óticas. O capítulo também discute as formas com que o IBGE apresenta essa variável e outros indicadores de acompanhamento da atividade econômica brasileira.

O capítulo 3 é dividido em dois grandes blocos. O primeiro discute o conceito de inflação em termos práticos. Na sequência, essa parte realiza uma apresentação detalhada acerca dos principais indicadores de inflação brasileiros e discute quais os custos e os benefícios da inflação. Na segunda parte do capítulo, é feita uma discussão acerca do emprego e das medidas existentes no Brasil. Nessa parte também é feita uma conexão entre a dinâmica do mercado de trabalho com os salários e a inflação.

O capítulo 4 apresenta a dinâmica macroeconômica de ciclos econômicos. O foco do capítulo é descrever como esses ciclos ocorrem e como a política econômica de governo deve atuar no sentido de abreviar recessões ou de evitar sobreaquecimento da economia e inflação alta. Essa abordagem representa o eixo central para os três capítulos seguintes, que discutirão cada eixo da política econômica do governo.

O capítulo 5 aborda a política monetária em seus diversos aspectos: objetivos, instrumentos, estratégias e canais de transmissão. O texto aborda também o uso de instrumentos de política monetária não convencional, que têm sido empregados por diversos bancos centrais ao redor do mundo. O capítulo também aborda a estratégia de metas para inflação, com enfoque particular para o caso brasileiro.

O capítulo 6 estabelece uma discussão sobre a política fiscal, apresentando suas principais funções e seu papel ao longo do tempo. Algumas definições básicas em termos de contas públicas também são apresentadas no capítulo. Por fim, o capítulo também estabelece uma discussão sobre a evolução da política fiscal brasileira.

O capítulo 7 discute acerca da política cambial. Nesse capítulo são apresentadas algumas das principais definições da taxa de câmbio, dos regimes

XII INTRODUÇÃO

cambiais das contas externas e do mercado de câmbio. O capítulo também estabelece uma discussão sobre a política cambial brasileira.

O capítulo 8 representa uma mudança de eixo em relação aos capítulos anteriores, ao mudar o foco do curto e médio prazos para o longo prazo. Esse capítulo realiza uma breve discussão sobre a teoria econômica que explica os determinantes do crescimento econômico de longo prazo e quais as políticas que podem estimulá-lo. O capítulo também faz uma reflexão sobre o crescimento econômico brasileiro na segunda metade do século XX e primeiras décadas do século XXI.

Por fim, o capítulo 9 representa uma rápida reflexão sobre a evolução da teoria macroeconômica relacionada aos ciclos econômicos. Essa análise se inicia no século XIX e se estende aos dias atuais.

A QUEM SE DESTINA

A obra é indicada para cadeiras de Economia de cursos de pós-graduação lato sensu (MBA) de diferentes habilitações (Gestão Empresarial, Negócios, Finanças etc.).

O livro também pode ser utilizado como leitura complementar em disciplinas de Economia em cursos de graduação em Ciências Econômicas, Administração e Contabilidade.

Por ser um livro de fácil leitura, a obra também é indicada a todos profissionais interessados em entender mais sobre Economia e política econômica de uma forma prática.

CAPÍTULO 1

INTRODUÇÃO

Antes de se iniciar os desenvolvimentos em torno dos principais elementos e aspectos associados ao funcionamento das economias, é importante entendermos alguns fundamentos conceituais, que permitirão uma visão mais ampla e acessível acerca do tema.

Uma questão fundamental que surge no contexto das definições essenciais remonta à conceituação e ao escopo da ciência econômica. De fato, pode se observar que o termo Economia (e suas variações) é utilizado corriqueiramente pelos indivíduos em diferentes situações sem que os mesmos, na maior parte das vezes, tenham consciência do seu significado mais preciso.

Com certeza em algum momento da sua vida você ouviu alguém dizer: "temos que economizar". Em geral, essa expressão é acompanhada por um conjunto de recomendações que visa orientar para que os gastos não sejam realizados com a compra de produtos ou serviços desnecessários (em outras palavras, desperdiçados). Mas o que essa expressão quer dizer de fato? Por que ela é utilizada frequentemente e em quais circunstâncias?

Na verdade, o uso da expressão "temos que economizar" tem uma relação direta com o conceito básico associado à ciência econômica moderna. Nesse sentido, o emprego da palavra "economizar" está associado ao fato de que os recursos são finitos e/ou escassos e, no conjunto de possibilidades associadas ao seu uso, sua alocação deve visar atender da melhor forma possível as necessidades e os desejos no contexto da aquisição dos bens e serviços. Em outras palavras, quando alguém está dizendo que tem que economizar, na verdade, de forma subjacente, está dizendo que seus recursos são escassos e vai procurar gastar orientando-se apenas de forma a atender suas prioridades em termos de necessidades (e, eventualmente, desejos).

Essa discussão permite conceituar de forma simplificada o que é Economia. Nesse sentido, modernamente, podemos dizer que:

ECONOMIA

É uma ciência social que estuda como os agentes alocam seus recursos escassos e finitos da melhor/mais eficiente forma possível em distintas situações.

A realidade cotidiana ilustra esse conceito de variadas formas. Tome-se como exemplo um trabalhador assalariado remunerado mensalmente. O salário para esse trabalhador é um recurso finito (e escasso), o que se traduz em um orçamento financeiro que lhe impõe limitações de consumo. Esse trabalhador, com base nesse fato, decidirá como gastar esse salário de forma a atender da melhor maneira possível suas necessidades e seus desejos. Em outras palavras, ele decidirá como alocar seu recurso escasso (o salário) da melhor forma de tal sorte a obter o que é necessário e/ou desejado. O processo empregado pelo trabalhador nessa alocação, nesse sentido, segue o princípio econômico descrito.

Outro exemplo da aplicação do conceito de Economia pode ser dado a partir da forma como uma empresa atua. Nesse sentido, as empresas no contexto das economias capitalistas atuam visando obter o maior lucro possível no âmbito das suas operações. Ao mesmo tempo, as empresas têm recursos que, assim como no caso do trabalhador, são finitos: elas dispõem de estoques limitados de capital (físico e financeiro) e de mão de obra. Isso significa que as empresas, a partir do seu objetivo de obter o maior lucro possível, irão alocar os recursos da melhor/mais eficiente forma possível. Nesse processo, elas procurarão ser as mais eficientes, inovadoras e produtivas no âmbito das suas possibilidades. Em outras palavras, assim como no caso do trabalhador, a empresa capitalista moderna também atua com base no princípio econômico descrito.

Um exemplo adicional da realidade pode ser dado a partir do papel econômico do governo. Assim como os demais agentes econômicos, os governos também têm recursos limitados ao seu dispor, determinados pela sua capacidade de arrecadar impostos e de se endividar. A lógica de alocação desses recursos por parte do governo orienta que eles sejam empregados de tal sorte a atender a sociedade da melhor forma possível. Isso pode se dar através da oferta de educação pública, da criação de programas de redistribuição de renda, do estabelecimento de um sistema público de saúde ou de outras formas que atendam da melhor maneira possível aquilo que a sociedade necessita.

Dessa forma, a ação econômica do governo também segue o princípio descrito (não colocamos em questão aqui se determinados governos cumprem de forma adequada esse papel ou não).

O conceito de Economia usualmente é associado a relações financeiras ou características produtivas. Na verdade, o conceito de Economia transcende esses aspectos, sendo aplicável a outras dimensões da realidade. Um exemplo dessa aplicabilidade é dado pelo uso que cada indivíduo faz do seu tempo. Nesse sentido, o tempo que cada um de nós dispõe no nosso dia a dia é recurso finito e escasso. Cada indivíduo procurará alocar da melhor forma possível seu tempo disponível para atender da melhor forma possível suas necessidades (trabalhar, cuidar da casa, alimentar-se etc.) e seus desejos (descansar, passear, assistir a um jogo de futebol etc.). Esse processo de alocação do tempo que cada indivíduo faz também segue, dessa forma, o princípio da Economia.

A partir desse princípio, é possível entender como as sociedades modernas se organizam e estruturam seus processos de produção de bens e serviços. A oferta e a demanda de bens e serviços em uma economia são definidas a partir dessa lógica.

O QUE PRODUZIR? COMO PRODUZIR? QUANTO PRODUZIR?

A forma com que a sociedade moderna se organiza do ponto de vista da sua produção pode ser compreendida a partir do conceito básico de Economia já apresentado aqui.

Dessa forma, partindo-se do princípio de que os agentes operam com base na lógica econômica, é preciso determinar como os mesmos se organizam de forma a definir o que vai ser produzido em uma economia, bem como sua quantidade e de que maneira essa produção vai se dar. A resposta a essas questões é dada pela principal instituição das economias capitalistas modernas, conhecida como mercado.

As economias são compostas por um grande número de mercados, em que são negociados bens e serviços. Cada mercado se organiza tendo de um lado a oferta de um bem ou serviço e do outro, a demanda por esse produto ou serviço. Da interação entre esses dois lados do mercado resulta o preço de venda e a quantidade vendida de cada produto (ou serviço). A relação dinâmica estabelecida em cada mercado determina os níveis de produção e de preços praticados de cada bem ou serviço em uma economia.

4 MACROECONOMIA EMPRESARIAL

A compreensão desse fenômeno torna-se mais fácil se analisarmos isoladamente como um mercado específico funciona e, a partir daí, transpormos essa dinâmica para os demais mercados de uma economia.

Nesse sentido, imagine-se que um mercado está organizado do lado da oferta pelos produtores de um determinado bem. Suponha que exista um grande número de produtores nesse mercado, sendo que nenhum deles tem a capacidade de afetar individualmente o preço praticado no mercado. Esses produtores estão atuando de tal forma a obter o maior lucro possível a partir dos recursos (finitos) que eles possuem. Dessa forma, os produtores procurarão a maior eficiência possível na produção do bem, assim como visarão ter o menor custo possível nesse processo. No mesmo sentido, visando o maior lucro possível, eles se orientarão também para serem inovadores, tanto em termos de desenvolvimento de novos produtos como em termos de inovar no processo de produção. Assim, os produtores, na sua forma de atuar no mercado, estarão agindo no contexto da lógica econômica descrita, de alocar seus recursos finitos da melhor/mais eficiente possível.

Na outra ponta do mercado, encontram-se os consumidores que compõem a demanda desse mercado específico. Esses consumidores possuem recursos limitados, determinados pela sua renda e pela sua riqueza, e estão decidindo a todo momento o que irão consumir e o que deixarão de comprar, visando atender da melhor forma possível suas necessidades e seus desejos. Dessa forma, os consumidores também estão agindo de acordo com o princípio econômico discutido anteriormente.

A dinâmica desse mercado é determinada a partir da relação estabelecida entre o nível da oferta e da demanda, definindo o preço e a quantidade produzida e vendida desse bem.

Imagine-se agora que os consumidores decidam diminuir o consumo desse determinado produto em questão. O que acontecerá no mercado a partir disso? A partir da decisão dos consumidores, os estoques do produto aumentarão nas lojas, o que sinalizará para uma diminuição da produção e para a redução do preço do bem no mercado. Em outras palavras, a partir da retração na demanda, o preço do produto cairá e sua produção diminuirá.

Se essa dinâmica de retração persistir e se intensificar, com os consumidores sistematicamente reduzindo seu consumo do bem, chegará um ponto em que o preço praticado no mercado não será mais atrativo para que os produtores sigam produzindo o bem e ele deixará de ser produzido.

Isso é ruim? Do ponto de vista do produtor, provavelmente sim. Mas do ponto de vista da economia como um todo não: se o bem deixou de ser produzido, é porque os consumidores não desejavam mais consumir desse bem e direcionaram sua demanda para outros produtos. Eventualmente, os produtores no mercado que o bem deixou de ser produzido não foram inovadores, eficientes ou operavam com custos mais elevados.

Note-se que em uma economia de mercado, em que a concorrência prevalece, são os consumidores que determinam o que vai ser produzido, bem como a quantidade do mesmo a ser absorvida pelo mercado. A busca pela eficiência e por menores custos por parte das empresas condiciona a forma com que os bens vão ser produzidos. Em outras palavras, em uma economia de mercado, os grandes beneficiários são os consumidores. Se os mesmos não desejarem consumir um produto ou serviço específico, ele não será produzido nessa economia.

Inúmeras situações ilustram essa realidade das economias de mercado. Por exemplo, até os anos 1980 a venda de LPs (*Long Play*) e fitas cassete representava a principal forma de comercialização da indústria da música. As pessoas adquiriam esses produtos para ouvirem canções em seus toca-discos e aparelhos de fita cassete. No final daquela década e início dos anos 1990, começou a ser difundido o CD (*Compact Disc*) como mídia para a comercialização da indústria musical. As inúmeras vantagens atribuídas ao CD em termos de reprodução por parte dos consumidores relativamente aos LPs e ao cassete fizeram com que a demanda se deslocasse em favor da nova mídia. Como resultado, a demanda de LPs e cassete diminuiu rapidamente nos primeiros anos da década de 1990, levando ao virtual desaparecimento dos mesmos no mercado.

De maneira similar, o aparecimento do formato MP3 e a difusão dos aparelhos de reprodução desse formato desde o início da década 2000 fizeram com que os consumidores rapidamente retraíssem sua demanda por CDs naquela década. O mercado fonográfico, em função disso, se moldou à comercialização de músicas sem a venda da mídia física naquele período. As pessoas adquiriam a música pela internet e "baixavam-na" em seus aparelhos. Uma nova revolução nesse mercado começou mais recentemente, com a oferta de serviço de assinatura mensal por provedores que oferecem um acervo enorme e variado de músicas, que o consumidor pode "baixar" de acordo com suas preferências. Isso levou à queda da demanda pela aquisição de músicas nos moldes verificados na década de 2000. Mais uma vez, a existência do mercado e a preferência dos consumidores, que molda a demanda do produto, levaram a uma nova estrutura na oferta de músicas.

Um exemplo que também ilustra a dinâmica de mercado pode ser dado pela indústria de aparelhos celulares. No início da década de 2000, a Motorola e a Nokia detinham boa parte desse mercado, com uma expressiva demanda por seus aparelhos. Em meados daquela década, a Apple criou um aparelho que convergia vários produtos em um único dispositivo (telefone, acesso à internet, tocador de MP3, fotografias etc.) e criou o iPhone, difundido como um smartphone. Como resultado disso, as vendas de aparelhos da Apple cresceram enormemente. Ao mesmo tempo, a Samsung também difundia seu aparelho tendo uma base de sistema operacional distinta, o Android. Ambas as empresas passaram a contar com uma expressiva fatia do mercado de smartphones, ao passo que a Motorola e a Nokia perderam espaço nesse segmento.

A dinâmica de mercado condiciona, inclusive, o momento em que determinados produtos (ou serviços) serão oferecidos. Nos meses de outono até a entrada do inverno, a demanda por roupas de frio tende a ser mais alta, o que implica que os preços desse tipo de vestuário tendem a ser mais elevados. A partir da metade do inverno em diante, a tendência da demanda é começar a se focar em produtos já direcionados para a primavera/verão e a demanda por roupas de frio começa a declinar. Em função disso, os preços desse tipo de vestuário caem e, em boa parte das vezes, entram em liquidação. Os produtores e o varejo de vestuário conhecem esse ciclo e, ainda no inverno, lançam a coleção primavera/verão, colocando os produtos a preços mais altos. Da mesma forma que no caso das roupas de frio, a tendência é que, à medida em que o verão avança e se aproxima o inverno, a demanda faça uma nova inversão, aumentando a procura por roupas de frio. Em síntese, os ciclos da demanda, que oscilam em função do clima, condicionam a produção e a venda da indústria de vestuário e a dinâmica desse mercado.

Dessa forma, a dinâmica de mercado responde às questões formuladas anteriormente, relativas ao que vai ser produzido em uma economia, a forma com que esse processo produtivo irá ocorrer, a quantidade que será produzida de cada bem ou serviço e o momento em que isso ocorrerá. O bom funcionamento dos mercados garante, do ponto de vista econômico, que o máximo bem-estar seja gerado no sistema econômico. Note-se que, em uma economia de mercado, se os consumidores não desejarem consumir um determinado bem ou serviço, ele deixará de ser ofertado.

É claro que, para que essa mecânica funcione da forma descrita, é preciso que os mercados funcionem adequadamente. Em outras palavras, é importante a existência de vários competidores no mercado, poucas ou nenhuma barreira à entrada e inexistência de assimetrias de informação. Quanto mais distante desses princípios, menos competitivo o mercado e menos efetivo o seu funcionamento de forma a proporcionar o maior bem-estar da sociedade. Cumpre à ação do governo evitar boa parte desses problemas, evitando, por exemplo, a concentração da oferta (e da demanda) em poucos agentes.

De qualquer forma, nas economias modernas, a dinâmica de funcionamento dos mercados descrita condiciona os bens e serviços produzidos e vendidos.

O bom funcionamento dos mercados garante que o máximo bem-estar seja atingido pela sociedade.

DA ANÁLISE DOS MERCADOS PARA A ANÁLISE DA ECONOMIA COMO UM TODO

Conforme apontado, o foco central da ciência econômica é estudar como os agentes, dados seus recursos escassos e finitos, alotam e gastam da melhor/ mais eficiente forma possível.

Do ponto de vista da ciência, a partir desse recorte, é possível analisar o comportamento dos agentes em diferentes níveis. Esses níveis vão desde as estruturas mais básicas, como consumidor e produtor, até as estruturas que incorporam conceitos de agregados econômicos, como a produção de um país.

Por conta disso, a ciência, do ponto de vista teórico e aplicado, encontra-se dividida em dois grandes blocos: Microeconomia e Macroeconomia.

MICROECONOMIA

O foco da Microeconomia é a análise do comportamento dos indivíduos e das firmas no contexto das suas decisões econômicas. Isso significa que essa análise é realizada no âmbito de agentes que otimizam a alocação dos seus recursos escassos.

Tendo em foco essa lógica, a análise microeconômica realiza o estudo abordando os elementos determinantes do comportamento do consumidor dada a existência da restrição orçamentária a que estão sujeitos os indivíduos. Obviamente, essa análise considera o leque de opções e preferências dos consumidores, o que permite inferir como é o processo decisório dos consumidores em face às condições de mercado. Ao mesmo tempo, esse tipo de análise permite entender como os consumidores reagem a mudanças de variáveis como o preço do produto, os preços dos bens substitutos, preços dos bens complementares, sua renda etc. A análise microeconômica do consumidor forma a base para a teoria do consumidor, que, em última instância, vai conferir os elementos necessários para a compreensão acerca do processo de formação da demanda de mercado.

Ao mesmo tempo, a teoria microeconômica também se preocupa com os aspectos ligados ao comportamento das firmas e da produção. Nesse tipo de análise, a Microeconomia se estrutura em torno dos elementos econômicos que explicam o comportamento das firmas no contexto capitalista moderno. Logicamente, um dos pilares dessa análise reside no entendimento dos custos das firmas e como eles se comportam em diferentes situações. A compreensão desses elementos permite inferir como as firmas decidem sua lógica de produção e determinação dos preços dos bens e serviços. Isso forma a base da estruturação do que é conhecido como a oferta de mercado de um determinado bem ou serviço específico.

A Microeconomia também aborda as estratégias das firmas e dos consumidores considerando as diferentes estruturas de mercado, que vão desde a competição perfeita até o monopólio. A compreensão dessa análise forma a base para o entendimento da estratégia competitiva das firmas em diferentes contextos de mercado. Ao mesmo tempo, a Microeconomia se ocupa com as situações em que ocorrem falhas de mercado, como assimetria de informação, externalidades etc.

As técnicas microeconômicas são extensíveis a diversas áreas e campos da economia, como economia agrícola, economia do trabalho e economia da informação. Adicionalmente, a teoria microeconômica e suas aplicações são cada vez mais utilizadas em outros ramos do conhecimento, como Direito, Finanças e Gestão de Empresas.

MACROECONOMIA

A Macroeconomia é o ramo da ciência econômica que analisa o comportamento dos grandes agregados econômicos, como Produto Interno Bruto (PIB), nível de emprego, inflação e taxa de juros.

Diferentemente da Microeconomia, a Macroeconomia não se preocupa com o comportamento dos agentes econômicos na sua forma individualizada. Em outras palavras, não faz parte do escopo da Macroeconomia a análise do comportamento do consumidor, da firma ou mesmo do mercado.

O foco da Macroeconomia é explicar o nível da produção e da renda, bem como do emprego, em termos agregados e como ele evolui ao longo do tempo em uma economia. A compreensão desses elementos permite que o governo desenhe e estabeleça políticas que sejam orientadas para promover a melhoria do bem-estar econômico em um país.

A importância disso se traduz em múltiplos aspectos, uma vez que, se a economia de um país específico não registra crescimento, isso se traduz em estagnação da renda e do emprego, limitando as possibilidades de melhoria do bem-estar econômico da sua população.

Mais grave que isso, se um país enfrenta uma recessão, isso significa que sua produção e a renda nesse país estão em retração. A queda do nível de emprego acompanha esse processo, levando a um quadro de desolamento e de insatisfação social.

Isso significa que o bom desenho de políticas macroeconômicas da parte do governo é fundamental para a geração da prosperidade e bem-estar econômico em um país. A implementação de políticas inadequadas pode levar a desastres econômicos que podem durar anos ou décadas, dependendo da extensão do dano provocado na economia.

Nesse sentido, a compreensão da Macroeconomia e das suas implicações tem importância fundamental em várias dimensões. O conhecimento dos principais elementos macroeconômicos permite que a sociedade exija dos seus governantes que boas políticas sejam implementadas, visando o bem-estar econômico.

Ao mesmo tempo, o bom entendimento de Macroeconomia do ponto de vista empresarial permite que decisões sejam tomadas e ações implementadas de acordo com a perspectiva do cenário macroeconômico. Se a economia estiver entrando em recessão, com queda do produto e do emprego, é natural que as empresas assumam estratégias defensivas para lidar com esse cenário, evitando ampliar seu endividamento e realizando ajustes para enfrentar da melhor forma o que vier pela frente. Inversamente, se a produção e a renda estiverem crescendo nessa economia de forma robusta, é natural que as empresas ampliem suas contratações e implementem novos projetos de investimento, dada a perspectiva de crescimento nos negócios. Não é sem razão que grandes empresas e bancos invistam seus recursos na pesquisa macroeconômica, tentando antecipar movimentos que possam afetar diretamente seus negócios.

O bom entendimento de Macroeconomia também tem importância do ponto de vista pessoal, possibilitando que decisões sejam tomadas de forma adequada para navegar da melhor maneira possível no âmbito do cenário macroeconômico. Por exemplo, se a inflação estiver subindo, é natural que o Banco Central eleve a taxa de juros como forma de lidar com esse problema. Isso significa que aplicações financeiras que rendem juros se tornarão mais atrativas, o que significa que a alocação dos investimentos nesse tipo de aplicação se torna mais interessante. Da mesma forma, se a economia estiver entrando em recessão, não é um bom momento para fazer novas dívidas, particularmente as de valor mais elevado. Em outras palavras, um ambiente recessivo indica que os consumidores devem ser conservadores em termos de gastos, evitando aumentar seu endividamento.

As aplicações da Macroeconomia são inúmeras e representam um dos ramos de maior importância da pesquisa econômica produzida atualmente. No centro dessa discussão, encontra-se o debate sobre como aumentar a prosperidade econômica dos países, tornando a produção sustentável ambientalmente e diminuindo a desigualdade de renda em múltiplos níveis.

CRESCIMENTO DE LONGO PRAZO E CICLOS ECONÔMICOS

Todos os dias tomamos um conjunto de decisões econômicas que nos afetam e que também atingem direta ou indiretamente outras pessoas. O impacto disso pode ser imediato, mas também pode ser mais duradouro. Ou ainda, pode não nos afetar em um primeiro momento, mas pode apresentar consequências mais adiante.

Da mesma forma, somos constantemente afetados por decisões econômicas tomadas por outros indivíduos, provocando, muitas vezes, mudanças em nossas vidas.

O governo também toma decisões no plano econômico que nos afetam em diversas dimensões, influenciando nossas vidas e decisões que tomamos no plano profissional e pessoal. Outros governos também tomam decisões econômicas que afetam as políticas do nosso governo na área econômica. Essas decisões também nos afetam economicamente em alguma dimensão.

Isso significa que a economia nos rodeia e nos afeta diariamente, mesmo que não tenhamos conhecimento pleno desses impactos e não saibamos como reagir adequadamente a isso.

Por conta disso, compreender Economia é fundamental para o cidadão moderno. Entender Economia é como ser alfabetizado sobre a realidade que nos cerca: uma vez que o indivíduo aprende sobre ela, ele passa a enxergar o mundo com outros olhos, passando a compreender as engrenagens que movem o mundo no âmbito das forças econômicas.

Considerando esses elementos, a Macroeconomia tem representado uma área de grande interesse ao longo das últimas décadas. Isso decorre do fato de que as variáveis macroeconômicas afetam diariamente o dia a dia das empresas e dos negócios. Dentre alguns dos fatores relevantes nesse escopo, recaem a taxa de juros, a taxa de câmbio, a inflação, o desemprego etc. Obviamente, quando a temática da Macroeconomia é mencionada, a associação direta que se faz reside acerca do comportamento dos agregados econômicos.

Um agregado que merece destaque nessa discussão reside no nível de produto (e da renda) agregada de um país. Embora esse termo seja definido de forma mais precisa no capítulo 2, o nível de produto de um país representa toda produção de bens e serviços finais gerada ao longo de um período. Essa medida equivale à renda agregada (total) gerada nessa economia nesse espaço de tempo.

Quando uma economia registra crescimento do produto e da renda agregada, o bem-estar econômico aumenta. Isso decorre do fato de que, tudo mais constante, o nível de renda média dos habitantes residentes nessa economia está aumentando. Ao mesmo tempo, economias que registram expressivas taxas de crescimento econômico tendem a gerar mais postos de trabalho, absorvendo a mão de obra e diminuindo o desemprego.

Em contrapartida, economias que registram estagnação econômica, sem apresentar crescimento do produto e da renda agregada, não promovem melhoria do bem-estar econômico da sua população. Em uma situação como essa, para um cidadão melhorar de renda, outro tem que piorar, o que remonta a um jogo de soma zero (para alguém ganhar, alguém tem que perder). Se um país entra em recessão econômica, a situação é ainda mais grave, uma vez que isso implica em queda do produto e da renda agregada, significando uma piora do bem-estar econômico. Via de regra, nos países em que se registra estagnação ou recessão, o desemprego tende a aumentar.

Os pontos apresentados reforçam a importância relativa acerca do comportamento de uma economia ao longo do tempo em termos da dinâmica da produção e da renda.

Um ponto importante a ser considerado na discussão acerca do crescimento econômico diz respeito à segmentação do comportamento do crescimento de uma economia no longo prazo e dos ciclos econômicos que essa economia experimenta ao longo do tempo.

Nesse sentido, é possível observar que as economias apresentam distintas trajetórias de crescimento quando observadas sob o espectro de décadas. Alguns países experimentaram expressivas taxas de crescimento do produto e da renda ao longo do tempo, tornando-se nações ricas e desenvolvidas. Outras, por sua vez, registraram longos períodos de estagnação econômica e/ou de baixo crescimento, apresentando, atualmente, níveis de produto e de renda significativamente mais baixos.

O Brasil, por exemplo, não apresentou taxas de crescimento econômico tão expressivas nas primeiras décadas do século XX. Durante o ciclo de industrialização brasileira, iniciado na década de 1930 e que se estendeu até o fim dos anos 1970, a economia cresceu em ritmo acelerado e o país atingiu o status de renda média ao cabo desse período. Desde então, a economia brasileira, assolada pela hiperinflação dos anos 1980 e do início da década seguinte e pelos baixos níveis de investimento, registrou níveis de crescimento econômico significativamente mais baixos. As taxas de crescimento observadas nas primeiras décadas do século XXI mal permitiram que o Brasil continuasse se situando no patamar de renda média.

12 MACROECONOMIA EMPRESARIAL

Outro caso emblemático reside na experiência econômica recente da China. Esse país experimentou um patamar de renda baixa por várias décadas ao longo do século XX, particularmente nas que se seguiram à introdução do socialismo. Nas últimas décadas, a China se converteu gradativamente em uma economia de mercado, iniciando um acelerado processo de industrialização com maciços investimentos em diversas áreas. Com resultado, o país deixou de ter o status de nação pobre e já atingiu o patamar de renda média.

Inúmeras outras experiências poderiam ser listadas aqui, revelando casos de sucesso econômico ou situações de estagnação histórica.

Do ponto de vista macroeconômico, o elemento central nessa discussão reside na construção dos fatores determinantes do crescimento econômico de longo prazo. Em outras palavras, a ciência econômica, nesse espectro, procura decifrar quais são as variáveis macroeconômicas chave que levam algumas nações a crescerem mais do que outras.

Por sua vez, é possível notar que o nível de produto (e da renda) das economias, quando observadas em um espaço de tempo relativamente mais curto (dois a cinco anos, por exemplo), apresentam um comportamento cíclico, de expansão e de desaceleração. Nesse sentido, é possível perceber que as economias, quando observadas nesse horizonte temporal, apresentam períodos de crescimento econômico, seguidos por momentos de desaceleração ou de recessão econômica. Similarmente, esses períodos de arrefecimento da atividade econômica são seguidos por uma nova aceleração do crescimento.

Essa dinâmica pode ser classificada como ciclos econômicos, através dos quais as economias possuem períodos de expansão seguidos por momentos de diminuição no ritmo da atividade econômica.

No caso brasileiro, os primeiros anos da década de 2000 foram marcados por ciclos econômicos relativamente curtos e bem delimitados. A partir de 2005/06, esse padrão apresenta alterações, associadas a mudanças no cenário internacional: boom de preços de commodities e banco central americano colocando a taxa de juros em zero após a quebra do banco Lehman Brothers, em 2008. Essas mudanças condicionaram ingressos maciços de moeda estrangeira no Brasil, o que provocou uma apreciação da moeda brasileira e contribuiu para controlar a inflação no período. Com isso, as condições de crédito melhoraram no país, permitindo um ciclo mais longo de expansão econômica. O encerramento definitivo desse ciclo se deu em 2015, com a mudança das condições externas associadas ao esgotamento do ciclo de crédito. A partir de então, o Brasil passou a enfrentar uma crise, marcada por uma prolongada recessão e uma lenta retomada do crescimento.

Via de regra, a ciência macroeconômica moderna segmenta o escopo analítico relacionado ao comportamento de uma economia no tempo em dois grandes blocos. Um desses blocos é relacionado ao estudo dos ciclos econômicos. Nesse campo, são estudados os elementos que condicionam o comportamento das economias nos curto e médio prazos. Essa análise permite identificar como a economia é afetada por variáveis macroeconômicas e estabelecer um padrão de ação de política econômica orientada para levá-la ao pleno emprego, mantendo a inflação sob controle.

Na análise dos ciclos econômicos, as hipóteses subjacentes supõem que tanto o estoque de capital quanto a tecnologia sejam dados (ou seja, não se alteram ao longo do ciclo). As implicações diretas dessa hipótese indicam que a produtividade é constante ao longo do ciclo econômico e que os ajustes ocorridos a partir de mudanças no ritmo do crescimento se dão sobre o nível de emprego.

Essas são hipóteses razoáveis considerando-se o horizonte temporal dos ciclos econômicos. Do ponto de vista agregado, é razoável supor que a tecnologia (e a produtividade) não mudem significativamente a ponto de afetar o conjunto da economia em um espaço curto de tempo. Ao mesmo tempo, é natural imaginar que o ajuste do lado das empresas ocorra de forma mais rápida pelo lado da mão de obra do que por variações no estoque de capital (os custos de demissão ou de admissão de trabalhadores são menores do que fechar ou abrir uma fábrica).

No estudo dos condicionantes do crescimento de longo prazo, que representa o segundo bloco analítico da teoria macroeconômica, essas hipóteses são relaxadas. Nesse escopo de análise, o comportamento cíclico das economias perde sua relevância e o foco recai no estudo dos fatores que determinam o ritmo de crescimento de longo prazo das economias. Isso permite supor que mudanças tecnológicas ocorram nesse horizonte temporal, afetando a produtividade e o ritmo de crescimento econômico. Ao mesmo tempo, no longo prazo, o estoque de capital apresenta variações, ocorridas a partir do nível de investimentos na economia.

A moderna ciência macroeconômica incorpora outros elementos que procuram explicar as razões que levaram alguns países a crescer em ritmo mais acelerado que outros ao longo do tempo. Nessa discussão entram fatores como a formação do capital humano (claramente ligado à educação), questões institucionais etc.

Esse campo da ciência visa não apenas vislumbrar os elementos determinantes do crescimento econômico de longo prazo, mas também procura lançar luz sobre o direcionamento das políticas de governo essenciais para promover um aumento do produto e da renda de um país de forma mais acelerada.

14 MACROECONOMIA EMPRESARIAL

Embora o planejamento das empresas e dos negócios vise estabelecer projetos e produtos com foco no longo prazo, boa parte das decisões empresariais reage a mudanças que ocorrem no ambiente econômico no curto e no médio prazos.

Isso se deve ao fato de que as empresas diariamente tomam decisões relacionadas à produção, vendas (internas e externas), contratações, necessidades de capital etc. Obviamente, as escolhas em torno das opções nessas situações são tomadas considerando não apenas as empresas ou negócio em si, mas envolvem outros aspectos econômicos.

Do ponto de vista macroeconômico, variáveis relacionadas ao ciclo econômico (de expansão ou retração), como desemprego, taxa de juros, taxa de câmbio e inflação, afetam diretamente essas decisões.

Por conta disso, sem desmerecer a importância relacionada ao estudo do crescimento de longo prazo, a maior parte desta obra foi dedicada ao estudo da macroeconomia de ciclos. Essa opção decorre do fato de que as respostas de política econômica do governo relacionadas ao ciclo econômico afetam de maneira mais rápida e direta o dia a dia dos negócios empresariais.

Os capítulos 2 e 3 fazem referência a importantes conceitos relacionados ao nível de produto (renda) agregado de uma economia, à inflação e ao emprego. A boa estruturação dessas definições é importante no contexto dos desenvolvimentos subsequentes.

O capítulo 4 faz referência à dinâmica macroeconômica de ciclos. Sob esse aspecto, são explicados os principais elementos associados ao comportamento dos ciclos econômicos e quais são as ações de política econômica orientadas para sua estabilização.

Os capítulos 5 a 7 detalham as estratégias de política econômica que o governo pode implementar com foco a estabilizar o ciclo econômico, levando a economia para o pleno emprego e mantendo a inflação sob controle.

O capítulo 8 é dedicado a questões relacionadas ao crescimento econômico de longo prazo. Esse capítulo abordará os principais elementos condicionantes do crescimento do produto e da renda agregada de uma economia no longo prazo. A partir disso, também são discutidas algumas políticas de governo possíveis que possam orientar a economia para um ritmo de crescimento mais elevado.

O capítulo 9, por fim, faz uma breve reflexão sobre a evolução da teoria macroeconômica ao longo do tempo, traçando suas principais questões até os dias de hoje.

SÍNTESE

- A Economia pode ser definida como uma ciência social que estuda como os agentes econômicos alocam recursos escassos e/ou finitos da melhor e/ou mais eficiente forma possível.

- Tendo por base esse princípio, a dinâmica dos mercados responde a questões relacionadas acerca do que deve ser produzido em uma economia, em qual quantidade e de que forma.

- O comportamento mais individualizado dos agentes econômicos, como indivíduos e firmas, e sua relação com os mercados é foco do ramo da Economia conhecido como Microeconomia.

- A análise dos agregados econômicos, como Produto Interno Bruto (PIB) e renda, emprego, inflação, taxa de juros etc. e sua evolução ao longo do tempo é o foco do ramo da ciência econômica conhecida como Macroeconomia.

- A Macroeconomia, por sua vez, pode ser segmentada em duas grandes áreas: o estudo dos ciclos econômicos e aquele voltado para analisar os condicionantes do crescimento de longo prazo das economias.

- Os ciclos econômicos ocorrem em função das flutuações do produto (e da renda) de uma economia em geral no horizonte temporal de alguns anos. O papel desse foco de análise é estudar os condicionantes dessas flutuações e as políticas de governo que podem atenuar os efeitos sobre o produto e a renda oriundos desse processo.

- O crescimento de longo prazo de uma economia é determinado por fatores relacionados à acumulação de capital, estoque de capital humano, aumento da produtividade etc. O foco de estudo desse ramo da Macroeconomia é analisar quais são os determinantes do crescimento econômico de longo prazo e quais políticas podem ser adotadas para estimular esse crescimento.

TERMOS-CHAVE

- Conceito de Economia
- Dinâmica dos mercados
- Microeconomia

MACROECONOMIA EMPRESARIAL

- Macroeconomia
- Ciclos econômicos
- Crescimento de longo prazo

Questões de Revisão

1. Apresente a "definição" ou "conceituação" da ciência econômica. Ilustre essa definição com um exemplo do seu dia a dia.

2. É normal que, uma vez que o domingo de Páscoa tenha passado, os ovos de chocolate que restaram nos supermercados sejam vendidos com desconto significativo. Explique esse fenômeno através da dinâmica de mercado apresentada no texto.

3. Suponha que ocorra a quebra da safra em algum produto agrícola específico, o que leva a uma diminuição da oferta desse produto em relação ao que estava inicialmente previsto. Como a dinâmica de mercado deveria afetar o preço desse produto no mercado? Explique.

4. A economia brasileira apresenta flutuações cíclicas em termos de produção (PIB) e renda (assim como outras economias). Você diria que o momento atual é de expansão econômica ou de recessão econômica no país? Apresente alguns elementos (indicadores) que suportem sua resposta.

5. O crescimento de longo prazo das economias é determinado por fatores relacionados ao aumento da produtividade, investimentos produtivos (que levam ao aumento do estoque de capital físico), investimentos em educação etc. Nesse contexto, você diria que o crescimento de longo prazo da economia brasileira acelerou ou desacelerou nas últimas décadas? Quais as razões econômicas que teriam levado a isso (dentre as apontadas no capítulo)?

CAPÍTULO 2

PRODUÇÃO E RENDA

Uma das principais questões subjacentes à ciência econômica remonta a quais são os principais fatores que determinam a riqueza e o bem-estar em uma sociedade.

Embora pareça um questionamento simples a princípio, essa temática não é tão facilmente compreensível a partir de uma discussão um pouco mais aprofundada.

Nesse sentido, cabe questionar o que representa, modernamente, o conceito de riqueza de um país ou uma nação, uma vez que a compreensão desse conceito é essencial no contexto de dimensionar seus determinantes.

É importante notar que a resposta a esse questionamento sofreu alterações sob a perspectiva histórica. Nesse sentido, o colapso do Império Romano, no final do século V, marcou uma era em que a tônica na Europa Ocidental passou a ser ditada pela ausência do Estado.

O predomínio do feudalismo nessa região, a partir disso, representou uma conformação socioeconômica dimensionada em função do vácuo institucional, político, econômico e legal gerado nesse processo. Sua existência durou cerca de mil anos, baseada em comunidades feudais relativamente autossuficientes.

Essa estrutura, gradativamente, cedeu espaço a uma nova forma de organização econômica e social entre fins do século XII e o século XIV, à medida que as cidades cresceram e o comércio passou a florescer com maior intensidade. O Renascimento Italiano foi um marco histórico importante, que representou uma transição do feudalismo para o capitalismo mercantil.

18 MACROECONOMIA EMPRESARIAL

Os séculos seguintes foram marcados pelo declínio das relações econômicas feudais, à medida que novos estados nacionais se formavam e consolidavam em uma nova conformação política e econômica.

O período compreendido entre os séculos XV e XVIII foi marcado por profundas transformações na Europa. No bojo do processo de formação dos Estados-nações, a expansão colonial condicionou um processo de expansão territorial e comercial além das fronteiras europeias.

Nessa época, a forma mais desejável de riqueza se dava através da acumulação de metais preciosos (ouro e prata). Os ganhos pelo comércio também se encontravam na ordem do dia em termos de diretrizes econômicas. Nesse contexto, o monopólio do comércio colonial fazia parte da diretriz das nações da época. Grandes contingentes populacionais e a tarifa zero de importações de matéria-prima sedimentavam a doutrina vigente. Subjacente a esses preceitos estava a presença de um Estado forte, necessário como uma peça reguladora que colocava todas as engrenagens para funcionar adequadamente. Essa doutrina ficou conhecida como mercantilismo, tendo suas ideias expressas por alguns autores da época (Mun, Davenant, Colbert, entre outros).

Espanha e Portugal se encontram entre as nações europeias que tiveram grande proeminência nesse período, se constituindo em verdadeiras potências coloniais.

O século XVIII foi marcado por profundas transformações, que levaram a uma completa mudança no quadro vigente até então. No campo das ideias, a Revolução Científica, iniciada no século XVI, mudou por completo o pensamento acerca das ciências. No bojo dessas transformações, encontravam-se a observação, a experimentação e a formulação de modelos teóricos e matemáticos, sendo o universo regido por leis naturais (conceito amplamente difundido por Isaac Newton).

Essas mudanças tiveram impacto significativo sobre o pensamento econômico da época. Os resquícios institucionais do feudalismo e o dirigismo do Estado no contexto da doutrina mercantilista não eram mais necessários e, assim como as leis naturais regiam o universo, o livre mercado conduziria o sistema econômico e a ação dos indivíduos.

Esses princípios formaram a base da Economia Clássica, cujo apogeu se deu no século XIX, sendo que alguns dos principais expoentes desse pensamento foram Adam Smith, David Ricardo, Stuart Mill, entre outros. As principais características dessa escola de pensamento econômico podem ser representadas pelo mínimo envolvimento do Estado na economia, pela busca por "leis econômicas", pelo comportamento movido pelo autointeresse dos agentes econômicos e pela importância dada a todos os recursos e atividades da economia.

Esse século foi marcado pelo incrível avanço da produção de massa, no bojo da Revolução Industrial. A Inglaterra se firmou como uma grande potência industrial no cenário europeu e global.

A prosperidade econômica vivenciada pelas potências industriais deixou cada vez mais para trás antigos conceitos econômicos. A produção de bens e serviços e a geração de renda representavam cada vez mais a força motriz determinantes da riqueza de um país.

Os metais preciosos (o ouro, em particular) ainda tinham um papel importante no âmbito das economias, mas seu papel se tornou cada vez mais preponderante no contexto de fornecer um lastro para as moedas nacionais, utilizadas no sistema de troca de cada nação. Essa forma de organização do sistema monetário ficou conhecida como padrão-ouro.

A crise do mercado acionário de 1929 e a Grande Depressão norte-americana dos anos 1930 reintroduziram na economia a importância do papel do Estado no contexto da estabilização dos ciclos econômicos. Essa visão teve grande contribuição teórica do economista britânico John Maynard Keynes, cuja teoria apontava para potenciais problemas relacionados à mecânica automática de equilíbrio dos mercados e para os riscos de recessões prolongadas nas economias capitalistas. Desde então, os governos passaram a exercer, de alguma forma, o controle, via uso de instrumentos de política econômica, sobre a demanda agregada da economia, como uma forma de evitar recessões prolongadas e profundas ou sobreaquecimentos econômicos indesejáveis.

É consolidado na ciência econômica moderna que a riqueza de um país é determinada pela sua capacidade de produção de bens e serviços ao longo do tempo. Ao longo das últimas décadas, a pesquisa econômica se dedicou de forma cada vez mais intensa acerca dos determinantes do crescimento desses fluxos no longo prazo. Questões relacionadas à poupança, investimento, produtividade, capital humano, eficiência alocativa e instituições entraram na ordem do dia desse debate.

A forma como essa riqueza é distribuída e como melhorar seu perfil distributivo também ganhou crescente importância ao longo dos últimos anos. A temática relacionada à sustentabilidade também entrou na pauta das discussões, uma vez que, cada vez mais, o meio ambiente tem se tornado um recurso escasso à medida que a produção de massa ganhou corpo desde fins do século XVIII.

FLUXO CIRCULAR DA PRODUÇÃO E DA RENDA

O acelerado crescimento da produção e da renda, ocorrido a partir da industrialização e do surgimento do capitalismo, está por trás da melhoria do bem-estar econômico, evidenciado na sociedade moderna ao longo dos últimos séculos.

No entanto, não é tão claro como o processo produtivo se articula de forma mais explícita, de tal sorte a deixar claras as razões da associação entre essa dinâmica e a determinação da renda em um país.

Nesse ponto, cabe fazer uma distinção clara de dois tipos de variáveis existentes na economia e que, na ausência de um esclarecimento maior, podem gerar dúvidas na conceituação explícita de riqueza de uma nação. Sob esse aspecto, devemos destacar a distinção entre **variáveis fluxo** e **variáveis estoque**.

Uma **variável fluxo** em economia é, grosso modo, uma variável cuja medida é realizada em um período de tempo, que pode ser semanal, mensal, trimestral, anual etc. Um exemplo disso pode ser visualizado na matéria a seguir publicada no site do *G1* no dia 7 de janeiro de 2020:

> "Produção de veículos no Brasil cresce 2% em 2019, diz Anfavea
>
> *Prejudicadas pela crise argentina, exportações registraram a maior queda desde 2017, de 31,9%. Comparações são com o ano de 2018.*
>
> A produção de veículos no Brasil subiu 2,3% em 2019, na comparação com o ano anterior, divulgou a associação das fabricantes, a Anfavea, nesta terça-feira (07/10). No total, foram feitos 2.944.962 carros, caminhões e ônibus no ano passado, contra 2.879.809 em 2018."

Nesse exemplo, pode-se notar que a notícia faz referência à produção de um bem (veículos) em um horizonte temporal específico (ano). Esse tipo de mensuração é importante para variáveis econômicas cujo acompanhamento do fluxo se mostra relevante para compreender o dinamismo desse processo. Diversas variáveis se encaixam nessa categoria, como as relacionadas ao monitoramento da atividade econômica e ao acompanhamento dos fluxos de capitais internacionais que ingressam ou deixam o país.

Uma **variável estoque**, por sua vez, é uma variável mensurada em um ponto específico no tempo. Um exemplo disso pode ser visualizado em um trecho de uma matéria do *Correio Braziliense*, de 8 de janeiro de 2020:

> ### "Saldo da poupança ainda é positivo, mas teve queda em 2019
>
> (...) Considerando os rendimentos, de R$ 2,5 bilhões, em 2019, a poupança encerrou o ano com saldo de R$ 845,5 bilhões. Em valores nominais (sem descontar a inflação), esse é o maior saldo da história, de acordo com o Banco Central."

Esse exemplo ilustra adequadamente o conceito apresentado, uma vez que mostra uma referência de uma variável (saldo da poupança) em um ponto específico no tempo (fechamento de 2019). Esse tipo de medida é importante para variáveis cujo conhecimento do seu nível em um determinado momento se mostra relevante. Dentre essas variáveis econômicas que se encaixam nessa categoria, podemos incluir o número de máquinas em uma empresa em um determinado momento, o estoque de capitais internacionais em uma economia etc.

Essa discussão pode ser trazida à distinção de riqueza e de renda. Do ponto de vista ilustrativo, imagine-se uma torneira que jorra água em um recipiente e que este, por sua vez, possua uma torneira na parte interior, por onde o líquido escoa para fora. Nessa ilustração, a água escoada pode ser associada aos gastos de um indivíduo, enquanto a água que jorra para o interior do recipiente representa sua renda. O nível da água no recipiente representa a riqueza desse indivíduo. Em outras palavras, **riqueza** é uma **variável estoque** e **renda** é uma **variável fluxo**.

Nesse sentido, o volume das aplicações financeiras de um indivíduo em um determinado momento no tempo é parte da sua riqueza e os juros obtidos a partir dessas aplicações faz parte da sua renda. De maneira similar, o valor de mercado do seu imóvel faz parte da sua riqueza e o (eventual) aluguel recebido por esse imóvel faz parte da sua renda. Esses e outros exemplos podem ser observados no Quadro 2.1.

QUADRO 2.1

RIQUEZA E RENDA

RIQUEZA	RENDA
Total de aplicações financeiras em renda fixa de um indivíduo em um determinado período de tempo.	Juros obtidos pelas aplicações.
Valor de mercado de um imóvel.	Aluguel recebido.
Valor de mercado de uma empresa ou empreendimento.	Lucro auferido pelo negócio.
Estoque de conhecimento e de experiência adquiridos ao longo da sua vida para exercer seu trabalho (não tangíveis financeiramente).	Salário obtido a partir do uso dessas habilidades no trabalho.

FONTE: ELABORAÇÃO PRÓPRIA.

Essa discussão deixa clara a distinção entre esses dois tipos de variáveis, o que permite avançar acerca da concepção relacionada à riqueza e renda de um país.

Sob esse ponto de vista, é muito comum observar-se na mídia que o fluxo de renda gerada em uma economia está associado à produção observada no mesmo período. Essa relação pode ser facilmente percebida a partir de um exemplo ilustrativo, que pode, subsequentemente, ser extrapolado para o conjunto de uma economia mais complexa.

Suponha que uma economia seja composta por três setores: primário, secundário e terciário. O setor primário extrai tudo que necessita ser utilizado para seu processo produtivo diretamente da terra (minério, produtos agrícolas etc.), não adquirindo bens de outro setor. Os produtos produzidos pelo setor primário são adquiridos pelo setor secundário e representam os insumos utilizados por esse setor no seu processo produtivo. Em outras palavras, todos os bens necessários para o setor secundário realizar sua atividade produtiva são adquiridos do setor primário. Por sua vez, o setor terciário adquire matéria-prima utilizada no seu processo produtivo. De maneira similar, todos os bens necessários para o setor terciário realizar sua atividade produtiva são adquiridos do setor secundário. O setor terciário produz bens e serviços finais que são adquiridos pelos consumidores (que denominaremos de famílias).

Essa abstração aponta uma linha direta do processo produtivo, que se inicia no setor primário, atravessa o setor secundário e finaliza no setor terciário, que oferta bens e serviços finais às famílias. A cada etapa de produção, observa-se que os bens produzidos pelo setor representam os insumos utilizados na etapa seguinte, até que a etapa final esteja concluída. Note-se que cada setor representa um elo na cadeia produtiva, que se inicia na extração de bens diretamente da terra e se encerra na produção de bens e serviços finais. Nesse sentido, cada etapa, no seu processo de transformação produtiva, agrega valor a essa cadeia.

Nesse ponto, cabe estabelecer o conceito de **fatores de produção**, que representam a totalidade de recursos utilizados no processo produtivo com vistas à produção de um bem ou serviço. Esses fatores podem ser divididos em duas categorias:

1. que participam do processo produtivo, mas não se tornam parte do produto nem são transformados durante o processo produtivo;

2. aqueles que são utilizados e transformados no processo produtivo.

Na primeira categoria, recaem o trabalho, o maquinário (capital), as instalações e a terra; e, na segunda categoria, recaem os insumos e a energia (petróleo ou energia elétrica, por exemplo).

A teoria econômica moderna categoriza fatores de produção como capital, trabalho e terras. Isso decorre do fato de que, como pode se observar na abstração, cada setor agregou valor ao processo produtivo. No entanto, ao se analisar o conjunto da economia, observa-se que os insumos que vieram diretamente da terra ou da atividade extrativa passaram por etapas de transformação que envolveram o uso de máquinas e de trabalho, até chegarem no produto ou serviço final. Dessa forma, cada setor remunera, no seu processo produtivo, os fatores envolvidos, tanto os que recaem na categoria 1 quanto os que recaem na categoria 2.

Voltando à abstração, suponha que o setor terciário vendeu, em um determinado período de tempo, $30 de bens e serviços finais. Para produzir esses bens e serviços, ele adquiriu $20 do setor secundário. Isso significa que esse setor agregou $10 no seu processo produtivo. Esse é um valor líquido do total de matéria-prima que ele adquiriu (que inclui o conjunto de insumos e de energia), o que significa que é um montante que deve ser distribuído nesse setor aos participantes desse processo. Esse montante deve ser distribuído aos fatores trabalho (na forma de salários), capital (lucro, se for capital próprio), juros (no uso de capital de terceiros) e aluguéis (de máquinas, equipamentos, instalações e terras).

24 MACROECONOMIA EMPRESARIAL

De forma análoga, podemos apontar que o setor secundário vendeu matéria-prima ao setor terciário pelo valor de $20 e, por sua vez, adquiriu todos os insumos para utilização no seu processo produtivo (o que inclui materiais e energia) pelo valor de $10. Isso significa que o setor secundário registrou uma agregação de $10, que, da mesma forma que o caso anterior, deve remunerar os fatores de produção envolvidos.

Da mesma forma, o setor primário vendeu $10 em insumos para o setor secundário, mas note que esse setor utilizou elementos da terra ou através da extração para a produção dos mesmos. Isso significa que esse setor agregou $10 de valor no seu processo produtivo, que deve remunerar os fatores de produção.

Imagine-se que quem detém os fatores de produção são as famílias. Isso significa que a remuneração obtida em cada setor vira renda delas, que, do ponto de vista total, soma $30. Esse valor representa a **renda agregada** nessa economia simplificada, que é detida pelas famílias.

Por sua vez, essa renda é utilizada por elas na demanda de bens e serviços finais produzidos pelas empresas (setor terciário). Isso representa a **demanda agregada** nessa economia, que também tem o valor de $30[1].

Esse exemplo simplificado permite visualizar alguns elementos importantes no contexto econômico. O primeiro deles é que é possível observar o valor agregado em uma economia por diferentes ângulos:

1. pela agregação de valor de cada setor produtivo;
2. pela venda de bens e serviços finais;
3. pela renda agregada gerada dentro dessa economia;
4. pela demanda agregada de bens e serviços finais.

Note-se que nesses diferentes ângulos, o valor obtido no exemplo é sempre o mesmo ($30).

O segundo elemento a ser percebido a partir do exemplo é que fica claro que toda produção em uma economia gera uma contrapartida de renda. Em outras palavras, a produção total de $30 gerou uma contrapartida equivalente de renda. A Figura 2.1 ilustra o exemplo descrito.

---

1 Para efeitos de simplificação, foi suposta que a poupança é igual a zero, bem como não há governo ou setor externo.

FIGURA 2.1
EXEMPLO DE FLUXO DE PRODUÇÃO E DE RENDA EM UMA ECONOMIA SIMPLIFICADA

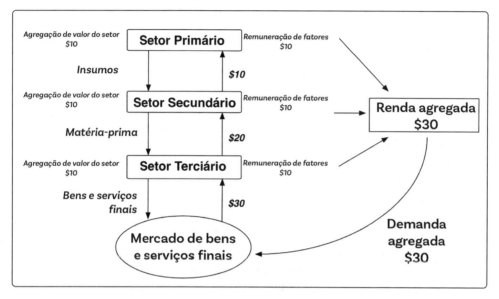

FONTE: ELABORAÇÃO PRÓPRIA.

Uma forma de visualização alternativa a isso pode ser dada pelo fluxo circular da renda (Figura 2.2), que ilustra de outra maneira a discussão estabelecida. No diagrama que representa esse fluxo, temos, de um lado, as empresas que produzem bens e serviços e utilizam fatores de produção nesse processo. Do outro lado, temos as famílias, que detêm esses fatores, que são utilizados pelas empresas no processo produtivo e são remuneradas pelo seu uso. Essa remuneração se torna a renda agregada das famílias, utilizada na aquisição de bens e serviços finais produzidos pelas empresas.

FIGURA 2.2
FLUXO CIRCULAR DA RENDA

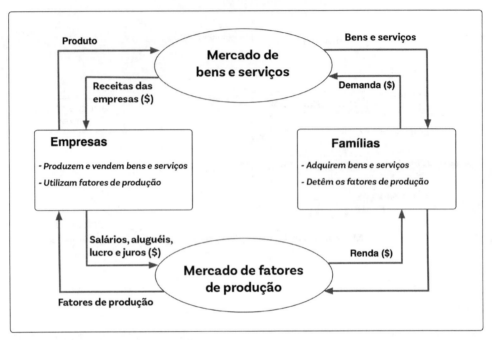

FONTE: ELABORAÇÃO PRÓPRIA.

O fluxo circular da renda, assim como o exemplo anterior, ilustra de forma clara a conexão entre produção e renda em uma economia. Pode-se imaginar que, no caso do fluxo circular da renda, é como se houvesse uma "corrente elétrica" passando em cada parte desse fluxo, cuja medida mostrará sempre o mesmo valor, independentemente do ponto em que a mensuração é realizada. Essa análise permite estabelecer a seguinte relação:

Produção agregada = Renda agregada = Demanda agregada

O **crescimento econômico** de um país, sempre divulgado pela mídia, nada mais é do que o aumento da "corrente". Isso significa que, se a produção em uma economia está aumentando, automaticamente a renda gerada nessa econômica também crescerá. Isso significa que, mantida a distribuição de renda inalterada, o crescimento econômico gera a melhoria de renda e de bem-estar econômico em um país. Aliás, a ausência de crescimento resulta no fato de que, dado que a renda total da economia permanecerá constante, para um indivíduo melhorar de renda, outro terá que necessariamente piorar seu nível de renda, o que se traduz em um jogo de soma zero (para alguém ganhar, alguém terá que perder). Nesse sentido, o crescimento econômico resulta em um jogo de soma positiva, em que todos na economia podem ganhar com o aumento da renda.

CONCEITO DE PRODUTO INTERNO BRUTO

A discussão realizada na seção anterior permite estabelecer o conceito de Produto Interno Bruto (PIB).

O PIB é a variável síntese das contas nacionais de um país e representa a medida do total da produção e da renda gerada nessa economia em um determinado período de tempo. Uma definição mais precisa e simples pode ser dada como:

Produto Interno Bruto (PIB) é o valor de mercado de todos os bens e serviços finais produzidos em uma economia em um determinado período de tempo.

Esse conceito pode ser analisado parte a parte. Em primeiro lugar, o PIB é mensurado em unidades monetárias e a preços de mercado. Em outras palavras, ele reflete as transações efetuadas na economia ao longo do período de tempo em análise. Em segundo lugar, essa definição aponta para a produção de bens e serviços finais, que, conforme visto na seção anterior, é uma das formas de avaliar a produção e a renda de uma economia. Sob essa perspectiva, se a métrica for referente aos bens e serviços finais, não faz sentido incluir bens intermediários ou insumos, uma vez que isso acabaria por indicar uma dupla contagem. Em terceiro lugar, o PIB faz referência à totalidade de bens e serviços finais produzidos em uma economia, o que significa que as vendas ao exterior devem ser incluídas nesse cálculo e as importações devem ser excluídas, uma vez que foram geradas em outra economia. Por fim, o cálculo refere-se a um período de tempo específico. Em geral, o PIB é medido trimestralmente e, passados quatro trimestres em um ano, temos a medida do PIB anual. O Gráfico 2.1 apresenta o crescimento real anual do PIB brasileiro desde 1995.

GRÁFICO 2.1
CRESCIMENTO ECONÔMICO BRASILEIRO: VARIAÇÃO % ANUAL DO PIB REAL

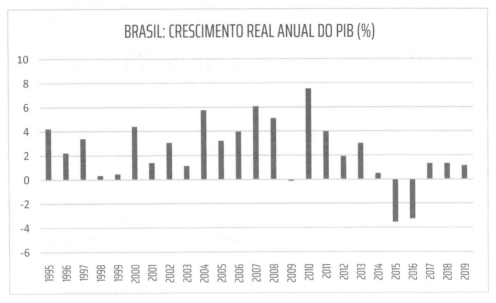

FONTE: IBGE. ELABORAÇÃO PRÓPRIA.

Até o momento, foi assumida a hipótese da existência de apenas famílias na economia. No entanto, uma economia não incorpora apenas as famílias e nem todos os bens e serviços finais produzidos são direcionados às mesmas. Nesse sentido, uma parcela dos bens finais produzidos, como máquinas e equipamentos, é direcionada para a reposição do capital depreciado ao longo do tempo ou à ampliação do estoque de capital. Esses tipos de bens são denominados **bens de capital, de produção ou de investimento** e são comprados pelas empresas. A produção e o consumo desse tipo de bem são importantes para uma economia, pois representam a expansão da capacidade da oferta de bens e serviços nesse país no futuro. Por conta disso, denomina-se **investimento** a parcela de demanda agregada que diz respeito à aquisição de máquinas, equipamentos, novos prédios e variação de estoques. Dessa forma, analisando-se a demanda agregada e incorporando as famílias e as empresas no âmbito da economia de um país, pode-se dizer que:

Demanda Agregada (DA) = Consumo das Famílias (C) + Investimentos (I)

PRODUÇÃO E RENDA 29

Ao mesmo tempo, a análise do ponto de vista da renda permite observar que a mesma pode ser utilizada pelas famílias no consumo ou pode ser poupada, formando a poupança agregada (S). Assim:

Renda Agregada (Y) = Consumo das Famílias (C) + Poupança (S)

A partir da relação básica obtida anteriormente, em que a renda agregada é igual à demanda agregada, podemos inferir que:

$$C + I = C + S => I = S$$

Isso quer dizer que, em uma economia, os investimentos são iguais à poupança agregada.

Essa análise pode ser estendida incorporando um novo agente econômico: o governo. A incorporação desse ator expande a análise realizada a um novo nível. No âmbito macroeconômico, o governo tem um papel importante e seu consumo agregado absorve uma relevante parcela do produto (bens e serviços) em qualquer economia. O governo tem por objetivo, basicamente, oferecer um conjunto de bens e serviços públicos à sociedade, como segurança nacional e exercício do judiciário. Seu consumo de bens e serviços na economia está diretamente conectado ao exercício dessas funções. Dessa forma, pode-se incorporar os **gastos do governo (G)** à demanda agregada:

$$DA = C + I + G$$

Para tornar viável o pagamento desses bens e serviços, o governo arrecada **impostos (T)** na economia. Incorporando os impostos na análise, a renda agregada pode ser distribuída da seguinte forma:

$$Y = C + S + T$$

Isso significa que, dado que o nível de produto (renda) agregado é igual à demanda agregada (Y = DA), temos:

$$C + S + T = C + I + G => S + T = I + G => I = S + (T - G)$$

Essa relação exibe um aspecto macroeconômico importante: se os gastos do governo (G) forem superiores aos impostos arrecadados (T), parte da poupança privada (S) será utilizada para financiar o *deficit* do governo.

30 MACROECONOMIA EMPRESARIAL

Resta incorporar o resto do mundo na análise macroeconômica. Essa incorporação provoca três alterações que devem ser realizadas, sendo que cada uma delas destina-se a uma das componentes da relação básica apresentada.

Do lado da oferta agregada total de bens e serviços, deve-se incorporar as **importações (M)**. Do lado da demanda agregada total, deve-se considerar as **exportações (X)**, que representam a demanda do resto do mundo por bens e serviços produzidos no país em questão. A partir disso, a relação macroeconômica básica pode ser reescrita como:

$$Y + M = C + I + G + X => Y = C + I + G + (X - M)$$

Voltando à ótica da destinação da renda, a análise pode ser estendida para:

$$Y = C + S + T = C + I + G + (X - M) => (S - I) + (T - G) - (X - M) = 0$$

Essa relação permite uma conclusão interessante: se o governo registrar um *deficit* $(G > T)$, ele absorverá recursos do setor privado $(S - I)$ e/ou recursos do setor externo $(X - M)$ para que a relação seja mantida.

Deve-se proceder ao ajuste na renda agregada, uma vez que empresas sediadas no país podem se utilizar de fatores de produção (capital e trabalho) originários do resto do mundo e que devem ser devidamente remunerados. Essa análise também é válida para empresas de residentes no país que vendem fatores para o exterior e que, naturalmente, devem ser remuneradas por isso. Esse ajuste é consolidado na Renda Líquida Enviada ao Exterior (RLEE), que representa o saldo líquido dessas remunerações.

Considerando-se o setor externo e o fenômeno apontado, surge um novo critério que deve ser considerado: o da Renda Interna e o da Renda Nacional. A Renda Interna refere-se à renda gerada dentro de um país. A Renda Nacional, por sua vez, é referente à renda que pertence aos residentes do país, independentemente de onde ela tenha sido gerada, no território nacional ou no exterior. Por conta disso, temos:

Renda Nacional (RN) = Renda Interna (RI) – RLEE

Similarmente, dada a relação básica:

Produto Nacional (PN) = Produto Interno (PI) – RLEE

Adicionalmente, em termos de definição técnica, deve-se considerar os elementos ligados à depreciação. Dessa forma, deve-se levar em consideração o fato de que a depreciação do estoque de capital ocorre a cada período no tempo. Isso significa que, para efeitos de cálculo líquido dos investimentos produtivos, que representa de fato o incremento do estoque de capital, a depreciação deve ser subtraída a cada período. Isso significa que o investimento agregado líquido é igual ao investimento agregado bruto menos a depreciação. Similarmente:

Produto Agregado Líquido (PL) = Produto Agregado Bruto (PB) – Depreciação

Ou, alternativamente, dada a relação básica:

Renda Agregada Líquida (RL) = Renda Agregada Bruta (RB) – Depreciação

Uma última consideração a ser feita nesse rol de alternativas de representação do produto e da renda diz respeito à sua mensuração a preços de mercado ou a custo de fatores. Os bens e serviços finais a preços de mercado embutem automaticamente os impostos indiretos e desse valor são reduzidos os subsídios. Se retirarmos desse valor os impostos indiretos e incluirmos os subsídios do governo, obteremos o valor do produto a custo de fatores. Nesse contexto, temos a seguinte relação:

Produto Agregado a Preços de Mercado (pm) = Produto Agregado a Custo de Fatores (cf) + Impostos Indiretos – Subsídios

Ou, de maneira similar:

Renda Agregada a Preços de Mercado = Renda Agregada a Custo de Fatores + Impostos Indiretos – Subsídios

Dessa forma, temos as seguintes possibilidades:

PIL = PIB – Depreciação (RIL = RIB – Depreciação)

PNB = PIB – RLEE (RNB = RIB – RLEE)

PNL = PNB – Depreciação (RNL = RNB – Depreciação)

PIB pm = PIB cf + Impostos Indiretos – Subsídios

PNB pm = PNB cf + Impostos Indiretos – Subsídios

PNL pm = PNL cf + Impostos Indiretos – Subsídios

PRODUTO INTERNO BRUTO NOMINAL E PRODUTO INTERNO BRUTO REAL

Conforme apontado anteriormente, o cálculo do PIB é realizado com base nas quantidades produzidas em um país em um determinado período de tempo multiplicado pelo preço desses bens e serviços nesse mesmo horizonte temporal. Esse cálculo, realizado com base nesses preços e quantidades, gera o valor do **PIB nominal** divulgado periodicamente pelo IBGE.

Porém, é importante destacar que o valor do PIB nominal, dada a forma como é calculado, é afetado a cada momento de duas maneiras distintas:

1. pela variação do fluxo de produção;
2. pelas mudanças dos preços dos bens e serviços ao longo do tempo.

Obviamente, o efeito decorrente da alta dos preços no PIB é um reflexo apenas do processo inflacionário a cada período e não representa um crescimento em termos reais, tanto do produto agregado quanto da renda agregada da economia. Isso significa que é necessário um ajuste para que o efeito da inflação a cada período seja corrigido.

O procedimento para eliminar esse efeito é selecionar um ano como base e, a partir disso, calcular o PIB dos demais anos com base nos preços praticados nesse ano. Por exemplo, pode-se tomar o ano de 2018 como ano-base. Para conhecer o PIB de 2019 tendo como ano base o ano anterior, calcula-se o PIB a partir das quantidades de bens e serviços finais produzidas em 2019 e considera-se os preços de 2018 (ou seja, somatória de $Preços_{18}$ x $Quantidades_{19}$ de cada bem e serviço final).

Esse cálculo, uma vez eliminada a problemática relativa da variação dos preços ao longo do tempo, permite conhecer a **variação do PIB real** a cada período, bastando verificar a variação percentual ocorrida a cada instante.

Com esse tipo de cálculo também é possível obter o **deflator implícito do PIB**, construído a partir da **razão entre o PIB nominal** (calculado a preços do ano corrente) **e o PIB** do ano corrente calculado a preços do ano anterior. O termo implícito deriva do fato de que o deflator não é diretamente observado, mas sim calculado a partir dessa relação. O deflator do PIB, em tese, representa a medida mais abrangente de variação dos preços da economia.

PRODUTO INTERNO BRUTO BRASILEIRO: ASPECTOS BÁSICOS

O PIB brasileiro é medido pelo IBGE (www.ibge.gov.br) em bases trimestrais. Em geral, a divulgação do PIB trimestral ocorre cerca de dois meses após o encerramento do trimestre, em datas definidas pelo próprio IBGE antecipadamente (é possível obter o calendário de divulgação no site da própria instituição).

A ênfase gerada no contexto da divulgação do PIB trimestral realizada pelo IBGE recai sobre o desempenho do produto brasileiro no trimestre em questão. Por conta disso, ganhou destaque o **resultado do produto livre de efeitos sazonais** ao longo dos últimos anos. Esse tipo de medida permite a comparação com o trimestre imediatamente anterior sem que os problemas decorrentes da sazonalidade da atividade econômica interfiram na medida. Em função disso, tornou-se comum observar na mídia econômica a informação que o PIB brasileiro em um trimestre específico cresceu em relação ao trimestre anterior.

Além do resultado dessazonalizado, o IBGE também divulga outras comparações no resultado trimestral que são interessantes para acompanhar a evolução dinâmica do produto: **a variação acumulada no ano; a variação acumulada nos últimos quatro trimestres; e a variação em relação ao mesmo trimestre do ano anterior.** Todas essas comparações se mostram interessantes do ponto de vista analítico para obter uma noção sobre o comportamento dinâmico da economia brasileira. A Tabela 2.1 traz um exemplo desse tipo de divulgação.

TABELA 2.1

PRINCIPAIS RESULTADOS DO PIB A PREÇOS DE MERCADO DO 2º TRIMESTRE DE 2019 AO 2º TRIMESTRE DE 2020

	2019.II	2019.III	2019.IV	2020.I	2020.II
Acumulado ao longo do ano/mesmo período do ano anterior	0,8	1,0	1,1	-0,3	-5,9
Últimos quatro trimestres/quatro trimestres imediatamente anteriores	1,1	1,0	1,1	0,9	-2,2
Trimestre/mesmo trimestre do ano anterior	1,1	1,2	1,7	-0,3	-11,4
Trimestre/trimestre imediatamente anterior (com ajuste sazonal)	0,5	0,1	0,5	-2,5	-9,7

FONTE: IBGE.

Na divulgação do PIB trimestral realizada pelo IBGE, alguns aspectos importantes também merecem destaque em termos de acompanhamento. Nesse sentido, é possível observar o comportamento do produto brasileiro a cada trimestre considerando-se a ótica da produção (ou oferta) e a ótica da demanda agregada.

Dessa forma, considerando a **ótica da produção (ou da oferta)**, é possível observar o desempenho trimestral da **agropecuária, da indústria e dos serviços**, bem como dos seus subsetores.

De maneira análoga, é possível acompanhar o desempenho das componentes da **demanda agregada: Consumo das Famílias, Formação Bruta de Capital Fixo, Gastos do Governo, Exportações e Importações**. A cada trimestre, o IBGE divulga não apenas o comportamento desses setores em termos de variação real, mas também o valor em reais produzido ou consumido por cada um.

Uma outra informação relevante também divulgada pelo IBGE no resultado do PIB a cada período diz respeito à **taxa de investimento da economia brasileira, medida pela relação entre a Formação Bruta de Capital Fixo (FBCF) e o PIB (ou FBCF/PIB)**.

INDICADORES DA ATIVIDADE ECONÔMICA

O PIB representa a principal medida de uma economia, que permite mensurar a evolução da produção e da renda. É a partir dessa métrica que é possível afirmar claramente se uma economia está crescendo ou está em recessão.

Apesar da importância, a medida do PIB apresenta limitações do ponto de vista prático para que se saiba o que está ocorrendo com a economia de forma mais imediata e com uma periodicidade menor que a divulgação desse indicador. Nesse aspecto, observando-se especificamente o Brasil, o Instituto Brasileiro de Geografia e Estatística (IBGE), que é o órgão oficial responsável pela mensuração, realiza a divulgação do PIB brasileiro em bases trimestrais. Em outras palavras, essa métrica só permite saber o que está acontecendo na economia brasileira em termos de produção e renda a cada três meses. Em termos práticos, a medida do PIB pode ser classificada como de baixa frequência, pois é divulgada apenas quatro vezes ao longo de um ano.

Outra limitação relacionada à divulgação do PIB diz respeito à defasagem com que essa informação é liberada. Em geral, o IBGE divulga o resultado do PIB de um trimestre específico cerca de dois meses após o seu encerramento.

Por fim, a medida do PIB realizada pelo IBGE é sujeita a revisões pelo próprio órgão, o que pode implicar em mudanças (mesmo que marginais) nos resultados apresentados inicialmente.

Em síntese, apesar da medida do PIB representar a melhor medida para se conhecer o que está ocorrendo em uma economia, ela apresenta limitações práticas associadas à sua periodicidade (baixa frequência), defasagem de divulgação e de ser passível de revisão.

Essa realidade se contrapõe à necessidade de um acompanhamento mais próximo acerca da evolução da atividade econômica em um país. Esse acompanhamento se mostra importante em várias dimensões. Do lado do setor privado, saber o que está ocorrendo com a atividade econômica auxilia no processo de tomada de decisão no que se refere à produção e ao investimento: sinais de aquecimento econômico se traduzem, em grande parte das vezes, em um aumento no volume dos negócios e das vendas, o que deve ser antecipado pelas empresas. De maneira similar, sinais de desaquecimento e de recessão se traduzem em redução dos negócios e das vendas e o conhecimento de tal informação por parte das empresas permite que ações sejam estabelecidas para evitar maiores prejuízos.

O conhecimento do grau de aquecimento da economia também é relevante para o governo, que deve tomar decisões em termos de política econômica com foco em afetar o ciclo econômico. É fundamental para o Banco Central saber o que está ocorrendo com a atividade econômica para tomar decisões em torno da taxa de juros. Em momentos de baixo crescimento e de inflação em queda, o Banco Central deve diminuir a taxa de juros para estimular a demanda agregada e, com isso, a atividade econômica. De maneira inversa, em momentos atividade aquecida e inflação em alta, o Banco Central deve subir a taxa de juros, para desestimular a demanda agregada e a atividade econômica.

QUADRO 2.2
INDICADORES DE ATIVIDADE ECONÔMICA BRASILEIROS

Indicador	Descrição	Periodicidade	Instituição
Índice de Atividade Econômica do Banco Central – IBC-Br	O IBC-Br é calculado pelo Banco Central do Brasil (BCB) e tem por finalidade ser uma *proxy* da atividade econômica do país. Em grande medida, a proposta desse indicador é representar uma prévia do PIB.	Mensal	BCB
Pesquisa Industrial Mensal – PIM	Importante indicador que revela o comportamento da atividade industrial brasileira através da sua produção física.	Mensal	IBGE
Pesquisa Mensal de Comércio – PMC	Essa pesquisa traz indicadores que permitem acompanhar a evolução do comércio varejista no país, como, por exemplo, o volume de vendas.	Mensal	IBGE
Sondagens e Índices de Confiança	As sondagens são realizadas a partir de levantamentos de informações e disponibilização das mesmas com maior agilidade. Isso permite que tendências de vários segmentos e setores sejam observados de forma mais antecipada do que outros setores. A FGV realiza trabalhos nessa direção para vários setores da economia brasileira: indústria, comércio, serviços, comércio, construção etc.	Mensal	FGV
Indicadores de Ciclos Econômicos	São basicamente dois: o **Indicador Antecedente Composto da Economia (IACE)**, que visa antecipar o comportamento da economia brasileira no curto prazo, e o **Indicador Coincidente Composto da Economia (ICCE)**, que mede as condições econômicas atuais e a intensidade da atividade econômica.	Mensal	FGV
Indicadores Industriais	Esses indicadores têm a função de proporcionar um panorama da indústria em diferentes dimensões: faturamento real, horas trabalhadas na produção, emprego, massa salarial real e utilização da capacidade instalada. É elaborado em conjunto com 12 federações estaduais.	Mensal	CNI
Volume e Concessões de Crédito	Esses indicadores são divulgados mensalmente pelo Banco Central do Brasil (BCB) nas estatísticas monetárias e de crédito. A análise desses indicadores permite acompanhar a evolução do crédito para a pessoa física (consumidores) e para a pessoa jurídica (empresas).	Mensal	BCB
Indicador Serasa Experian de Inadimplência do Consumidor	Esse indicador registra mensalmente a quantidade (fluxo) de registros de inadimplência da pessoa física que sensibilizam a base de dados da Serasa Experian.	Mensal	Serasa Experian

FONTES: BCB, IBGE, FGV, CNI E SERASA EXPERIAN.

Em função dessas necessidades e por conta das limitações relacionadas ao PIB, existe um conjunto de indicadores relacionados à atividade econômica que é divulgado periodicamente por diferentes órgãos e entidades. Esses indicadores permitem um mapeamento mais imediato e com uma frequência maior do que está ocorrendo na economia. O Quadro 2.2 mostra alguns dos principais indicadores da atividade econômica brasileira, apresentando uma breve descrição, a periodicidade e a instituição responsável pela sua divulgação. O Gráfico 2.2 apresenta a evolução do Índice de Atividade Econômica do Banco Central (IBC-Br), sazonalmente ajustado.

GRÁFICO 2.2
ÍNDICE DE ATIVIDADE ECONÔMICA DO BANCO CENTRAL: IBC-BR (BASE 2002=100)

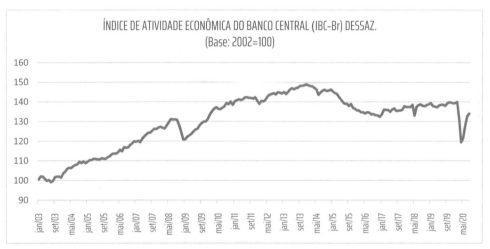

FONTE: BANCO CENTRAL DO BRASIL. ELABORAÇÃO PRÓPRIA.

Essa lista não esgota a totalidade de indicadores relacionados à atividade econômica disponíveis no Brasil. No entanto, ela incorpora os principais indicadores que são monitorados por agentes do setor privado e do governo.

SÍNTESE

- O conceito de riqueza de um país mudou ao longo do tempo. Nos séculos XVI e XVII, essa variável era associada à acumulação de metais preciosos, como o ouro e a prata.

- Atualmente, a riqueza de um país está, em grande medida, determinada à sua capacidade de produção de bens e serviços e à geração de renda ao longo do tempo.

- O Produto Interno Bruto (PIB) surge como a variável síntese das contas nacionais de um país. Ele pode ser definido como o valor de mercado de todos os bens e serviços finais produzidos em uma economia em um determinado período de tempo.

- No Brasil, o cálculo oficial do PIB é realizado trimestralmente pelo Instituto Brasileiro de Geografia e Estatística (IBGE). Dada a complexidade associada ao cálculo desse resultado, ele é divulgado pela instituição com uma defasagem aproximada de dois meses após o encerramento de cada trimestre.

- O resultado do PIB apurado a cada período incorpora os efeitos das variações dos preços (inflação) e das quantidades reais de cada bem e serviço, sendo denominado como PIB nominal.

- Para eliminar os efeitos da inflação e capturar apenas o efeito real do aumento da produção e da renda a cada período, se faz necessário um ajuste. A partir disso, se obtém o PIB real para um determinado período e sua variação reflete a variação da produção e da renda em termos reais.

- Dada a baixa frequência com que o PIB é divulgado (apenas trimestralmente) e a defasagem da sua divulgação, torna-se importante o acompanhamento de indicadores da atividade econômica. Isso permite monitorar de forma mais contemporânea o ritmo da economia.

TERMOS-CHAVE

- Riqueza
- Fluxo Circular da Renda
- Produto Interno Bruto
- Demanda agregada
- Produto Interno Bruto Nominal
- Produto Interno Bruto Real
- Indicadores de Atividade Econômica

SITES RECOMENDADOS

Banco Central do Brasil: www.bcb.gov.br
Banco Mundial: www.worldbank.org
FMI: www.imf.org
IBGE: www.ibge.gov.br
Ipeadata: www.ipeadata.gov.br
Tesouro Nacional: www.gov.br/tesouronacional/pt-br

Questões de Revisão

1. Explique as diferenças entre uma *variável fluxo* e uma *variável estoque* em Economia. Apresente exemplos.

2. O que são fatores de produção? Explique.

3. Apresente e explique o fluxo circular da renda.

4. Qual a definição de Produto Interno Bruto (PIB)?

5. Como pode ser definido o "crescimento econômico"?

6. Qual a diferença entre Produto Interno Bruto (PIB) e Produto Nacional Bruto (PNB)?

7. Quais são as componentes de demanda agregada? Explique brevemente cada uma delas.

8. Se uma economia registrou inflação em um determinado ano, a variação do PIB nominal será maior, menor ou igual à do PIB real? Por quê?

9. Apresente três indicadores de atividade econômica brasileiros. Detalhe-os.

10. Uma determinada economia registrou expansão do PIB nominal e retração do PIB real. Como isso é possível? Explique.

CAPÍTULO 3

INFLAÇÃO E EMPREGO

Um tema recorrente no debate macroeconômico diário refere-se à questão da inflação. Essa temática é particularmente sensível ao Brasil, uma vez que a economia brasileira vivenciou episódios marcantes na sua história relacionados a essa questão. Durante a década de 1980, a variação dos preços superou a marca dos 200% ao ano e chegou a mais de 2.000% no acúmulo em 12 meses, pouco antes do lançamento do Real, em junho de 1994.

A inflação pode ser definida, grosso modo, como um aumento do nível médio de preços da economia. Isso quer dizer que uma inflação de 4% em um determinado ano indica uma variação positiva do nível médio de preços da economia nesse patamar.

Note-se que nesse conceito foi utilizado o termo **aumento médio do nível de preços.** Isso quer dizer que a inflação em uma economia representa uma variação média dos preços. Em outras palavras, uma inflação de 4% em um ano específico não implica automaticamente que todos os preços tenham registrado exatamente essa variação. O mais comum é que alguns preços tenham variado acima desse patamar, enquanto outros variaram menos. A inflação representa a variação média desses preços.

Uma variação negativa do nível médio de preços da economia pode ser denominada **deflação.** A queda da taxa de inflação em um determinado período é definida como **desinflação.**

42 MACROECONOMIA EMPRESARIAL

Essa conceituação remete a uma questão mais específica, delineada através da definição sobre em qual média é feita essa referência para efeitos de cálculo da inflação.

Nesse sentido, uma forma possível de se medir a inflação em uma economia vem da própria medida do Produto Interno Bruto. Conforme visto no capítulo 2, o **deflator implícito do PIB** é uma medida significativamente abrangente do comportamento dos preços em uma economia. No entanto, essa medida tem limitações em termos práticos quando se deseja saber a dinâmica da evolução dos preços em uma economia a cada mês. Isso decorre do fato de que o PIB é medido em bases trimestrais, ou seja, é uma medida que aparece apenas quatro vezes por ano. Adicionalmente, a divulgação é defasada em relação ao fechamento do trimestre (cerca de dois meses depois do mesmo se encerrar), sendo, dessa forma, pouco útil para quem precisa saber o comportamento da inflação de forma rápida para realizar tomada de decisão (o Banco Central, por exemplo, para decisões acerca da taxa de juros). Por fim, o PIB também está sujeito a revisões após sua divulgação.

Por conta disso, para efeitos de acompanhamento da inflação em bases mensais ou semanais, foram criados índices de preços, que são calculados pelos institutos de pesquisa brasileiros: Fundação Getúlio Vargas (FGV), Instituto Brasileiro de Geografia e Estatística (IBGE), Fundação Instituto de Pesquisas Econômicas (Fipe), entre outros.

Os índices de preços refletem o comportamento dos preços de uma determinada cesta de bens e serviços, definida a partir de critérios estabelecidos pelo instituto de pesquisa que calcula o índice. Dessa forma, as oscilações desses índices representam as mudanças nos preços no âmbito dessa cesta.

Pode-se perceber rapidamente que existe um grande número de índices de preços na economia brasileira, o que torna relativamente confuso o entendimento do que está ocorrendo em termos de inflação para o leigo. De fato, por diferentes razões históricas, surgiram diversos índices de preços no país e que, mesmo com a estabilização da inflação brasileira em patamar baixo, não deixaram de ser calculados. Usualmente, nas economias desenvolvidas, são calculados basicamente dois índices de preços: um Índice de Preços ao Consumidor, o IPC (ou *Consumer Price Index*, CPI), e um Índice de Preços ao Produtor, o IPP (ou *Producer Price Index*, PPI).

No Brasil, pode-se classificar, basicamente, os índices de preços em duas grandes categorias: os Índices de Preços ao Consumidor (ou IPCs) e os Índices Gerais de Preços (ou IGPs). Em função disso, subdividiremos a discussão dos índices em dois grandes blocos.

ÍNDICES DE PREÇOS AO CONSUMIDOR

Os Índices de Preços ao Consumidor têm como finalidade básica medir o comportamento dos preços que afetam diretamente o poder de compra do cidadão comum. Os IPCs se distinguem uns dos outros no Brasil pelas seguintes características:

- Instituição de pesquisa: usualmente IBGE, FGV ou Fipe.
- Metodologia utilizada.
- Faixa de renda.
- Abrangência geográfica.
- Período de coleta.
- Divulgação.
- Utilização usual.

Com base nas características definidas para cada índice de preço, as instituições de pesquisa realizam periodicamente (em geral, no espaço de alguns anos) a Pesquisa de Orçamentos Familiares, que tem por finalidade estabelecer a estrutura de gastos das famílias nas faixas de renda especificadas nas áreas geográficas delimitadas pelo índice.

O Quadro 3.1 resume algumas das características dos principais índices de preços ao consumidor brasileiros. Maiores informações podem ser obtidas no site das instituições de pesquisa (www.ibge.gov.br; portalibre.fgv.br; www.fipe.org.br).

No conjunto dos índices de preços ao consumidor, o IPCA, calculado pelo IBGE, ganhou maior destaque desde 1999 pelo fato de que se tornou, naquele ano, o índice utilizado como referência para o regime de metas para inflação, que foi implementado na sequência da mudança do regime cambial brasileiro. Desde então, o Banco Central do Brasil tem calibrado suas decisões de política monetária tendo como foco cumprir a meta para inflação estabelecida. O Gráfico 3.1 ilustra a evolução anual do IPCA desde o ano 2000.

44 MACROECONOMIA EMPRESARIAL

QUADRO 3.1
PRINCIPAIS ÍNDICES DE INFLAÇÃO BRASILEIROS

Índice	Instituição de Pesquisa	Faixa de Renda (Salários mínimos)	Abrangência Geográfica	Período de Coleta	Divulgação	Utilização Usual
IPCA	IBGE	1 a 40	Regiões metropolitanas, Distrito Federal e 5 municípios	1 a 30 do mês de referência	Até o dia 15 do mês seguinte ao de referência	Referência para o regime de metas de inflação e indexador de alguns títulos públicos.
INPC	IBGE	1 a 5	Regiões metropolitanas, Distrito Federal e 5 municípios	1 a 30 do mês de referência	Até o dia 15 do mês seguinte ao de referência	Usado em vários dissídios salariais.
IPC	FGV	1 a 33	7 principais capitais do país	1° até o último dia do mês de referência	Até o dia 10 do mês seguinte ao de referência	Usado como uma das referências para apurar a evolução do poder de compra do consumidor nas capitais.
IPC-S	FGV	1 a 33	7 principais capitais do país	Sistema de coleta quadrisse-manal	Semanal	Permite detectar com agilidade mudança na trajetória dos preços nas principais capitais.
IPC-Fipe	Fipe	1 a 10	Município de São Paulo	Sistema de coleta quadrisse-manal	Semanal	Acompanhamento da inflação em São Paulo.

FONTES: IBGE, FGV E FIPE

GRÁFICO 3.1
EVOLUÇÃO DO ÍNDICE DE PREÇOS AO CONSUMIDOR AMPLO: IPCA (VAR. % ANUAL)

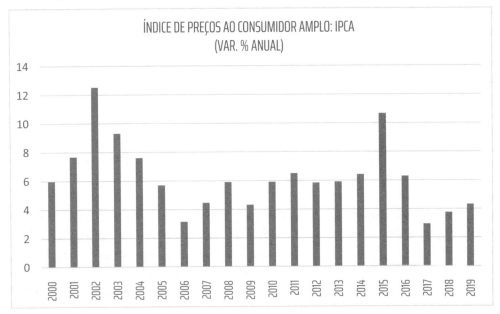

FONTE: IBGE. ELABORAÇÃO PRÓPRIA.

A estrutura desse índice encontra-se subdividida em nove grupos: alimentação e bebidas, habitação, artigos de residência, vestuário, transportes, saúde e cuidados pessoais. Cada grupo tem seu peso relativo ajustado mensalmente em função da cesta de consumo na data-base e da variação relativa dos preços dos itens componentes do grupo. O levantamento dos preços é feito em estabelecimentos comerciais, estabelecimentos de prestação de serviços, concessionárias de serviços públicos e, para efeitos de aluguéis e condomínios, em domicílios. O IBGE considera o valor de venda à vista na coleta dos preços.

ÍNDICES GERAIS DE PREÇOS (IGPS)

A concepção do IGP, criado nos anos 1940 pela FGV, foi norteada com fins de ser uma medida abrangente das oscilações de preços da economia brasileira. Nesse contexto, essa abrangência envolveria diferentes atividades e etapas do processo produtivo no país.

46 MACROECONOMIA EMPRESARIAL

Essa lógica condicionou a estrutura do IGP, que é uma média aritmética ponderada de três outros índices:

- Índice de Preços ao Produtor Amplo: IPA (60%);
- Índice de Preços ao Consumidor: IPC (30%);
- Índice Nacional de Custo de Construção: INCC (10%).

O IPA tem abrangência nacional e pode ser subdividido tendo como base dois conjuntos:

- De acordo com a origem da produção: agropecuária ou industrial.
- De acordo com os estágios de processamento: bens finais, bens intermediários e matérias-primas brutas.

O IPC da FGV, conforme descrito na seção anterior, abrange as sete principais capitais do país – São Paulo, Rio de Janeiro, Belo Horizonte, Salvador, Recife, Porto Alegre e Brasília – e o espectro de famílias com renda de 1 a 33 salários mínimos. O IPC é composto por sete grandes grupos: alimentação; habitação; vestuário; saúde e cuidados pessoais; educação; leitura e recreação; transportes e despesas diversas.

Por sua vez, o INCC tem por finalidade medir o comportamento dos custos das construções habitacionais. É calculado a partir da média dos índices das sete principais capitais do país (as mesmas que a FGV realiza o levantamento do IPC). O INCC se desdobra em dois grupos: i) mão de obra; e ii) materiais, equipamentos e serviços.

O IGP tem três versões diferentes, diferenciadas basicamente pelo seu período de coleta e divulgação:

- Índice Geral de Preços – Disponibilidade Interna (IGP-DI), que é um índice tradicional e cuja origem remonta aos anos 1940. É amplamente utilizado atualmente para o reajuste dos contratos de vários preços administrados, além de ser o indexador da dívida dos estados com a União. O período de coleta do IGP-DI é dos dias 1 a 30 de cada mês de referência e é divulgado no início do mês subsequente.

- Índice Geral de Preços de Mercado (IGP-M), criado para ser utilizado no reajuste de operações financeiras. Atualmente é o índice mais utilizado como indexador financeiro. Esse índice também é utilizado para a correção de alguns preços administrados. O período de coleta do IGP-M é dos dias 21 do mês anterior a 20 do mês de referência e divulgado nos últimos dias do mês.

- Índice Geral de Preços 10 (IGP-10), que tem a finalidade de mostrar a dinâmica dos preços no período da coleta de sua referência. O período de coleta do IGP-10 é dos dias 11 do mês anterior a 10 do mês de referência, sendo divulgado em meados do mês.

GRÁFICO 3.2
EVOLUÇÃO DO ÍNDICE GERAL DE PREÇOS – DISPONIBILIDADE INTERNA: IGP-DI (VAR. % ANUAL)

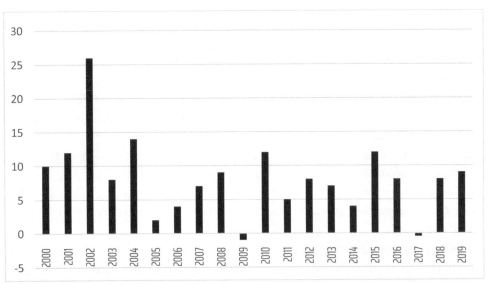

FONTE: FGV. ELABORAÇÃO PRÓPRIA.

OUTROS ÍNDICES DE PREÇOS

Além dos índices citados, existem vários outros índices de preços no país com o objetivo de medir seu comportamento em regiões específicas ou de determinados setores da economia.

Entre os mais conhecidos, temos:

- Cesta Básica Nacional, do Dieese.
- Cesta Básica de São Paulo, do Procon-SP; e
- Índice de Custo de Vida (ICV), do Dieese.

CUSTOS E BENEFÍCIOS DA INFLAÇÃO

Um ponto de discussão que surge no contexto das discussões em torno da inflação diz respeito aos seus custos e benefícios.

Essa temática é particularmente sensível no caso brasileiro, em que, durante décadas, o patamar da inflação se situou acima dos 10% ao ano. Nos anos 1980, a situação saiu do controle e o país passou a conviver com um quadro de inflação crônica e cada vez mais elevada. Várias tentativas de estabilização da inflação em patamar baixo deixaram traumas e sequelas na população brasileira. Foi apenas em 1994, com a implementação do Real, que a inflação foi controlada no país.

No entanto, mesmo um patamar inflacionário que não seja tão elevado quanto o experimentado pela economia brasileira nos anos 1980 pode gerar custos do ponto de vista econômico.

Convencionalmente, a ciência econômica aponta diversos **custos** associados à inflação, como o custo de maior frequência de idas ao banco à medida que a inflação sobe. Esse custo decorre do fato de que uma inflação mais elevada, em geral, é acompanhada de juros mais elevados, o que faz com que os agentes econômicos prefiram manter seus depósitos em aplicações financeiras e queiram minimizar seus encaixes em moeda. No entanto, esse custo tende a ser reduzido atualmente face às inovações tecnológicas recentes, que permitem a gestão dos recursos financeiros online e que os pagamentos sejam realizados via cartões de débito automático ou aparelhos celulares e relógios (*smartwatches*).

Outros **custos da inflação** considerados, como distorções tributárias, ilusão monetária e variabilidade da inflação (e seus efeitos sobre valores de ativos), parecem relativamente contornáveis na economia moderna, em que o acesso à informação é muito mais difundido do que no passado.

No entanto, um importante custo da inflação a ser considerado (e, curiosamente, relativamente negligenciado) diz respeito aos seus efeitos sobre a renda ao longo do tempo, em particular sobre os salários no caso brasileiro. Para compreender melhor esse efeito, imagine-se dois cenários alternativos, um em que a inflação é igual a zero ao longo de doze meses e outro em que a inflação é igual a 12% no mesmo período. Se os salários são reajustados a cada doze meses, isso significa que, no cenário de inflação zero, a renda média do salário em termos reais ficou inalterada ao longo do tempo. No entanto, no cenário em que a inflação é de 12% ao ano, isso significa que o salário sofre uma corrosão de cerca de 0,95% ao mês. No 11º mês (um antes do reajuste salarial), a perda do poder de compra desse salário foi de aproximadamente 11%.

Esse exercício ilustra um efeito econômico sobre os salários e a renda do trabalho. No entanto, ele pode ser estendido a outras dimensões da economia que envolvam relações contratuais em que os valores sejam reajustados em uma periodicidade anual (como é o caso de contratos de aluguel no Brasil, por exemplo).

No entanto, a inflação não traz apenas custos para uma economia. Existem alguns **benefícios** relativos à inflação que devem ser considerados do ponto de vista econômico.

A emissão de moeda está diretamente relacionada à inflação: quanto mais moeda o governo emite, maior o patamar da inflação. Em episódios hiperinflacionários, como o da Alemanha na década de 1920 e, mais recentemente, do Zimbábue nos anos 2000, o governo passou a financiar seu *deficit* através mais da emissão de moeda, levando a episódios econômicos devastadores.

No entanto, o governo pode emitir moeda sem que isso seja necessariamente desastroso. É possível realizar a emissão de moeda considerando-se patamares baixos de inflação. Adicionalmente, se uma economia cresce, a demanda por moeda nessa economia também aumenta.

Como o governo detém o monopólio de emissão de moeda na economia, ele pode emitir e financiar parte do seu *deficit* a partir disso. Isso representa um benefício para o governo derivado diretamente desse monopólio. Essa receita é denominada de **senhoriagem**.

Modernamente, essa receita não representa uma grande parcela da receita do governo. Adicionalmente, os governos possuem outras formas de financiar seus *deficit*, sem que isso seja inflacionário. A emissão de títulos públicos representa o principal instrumento que os governos têm para financiar suas contas. Esses títulos formam a base da dívida pública de um país. De qualquer forma, a senhoriagem representa um benefício para o governo, oriunda do processo de criação da moeda e, por conseguinte, da inflação.

Outro benefício da inflação a ser considerado diz respeito à possibilidade da prática de **taxas de juros reais negativas**. Em outras palavras, na presença de um determinado patamar de inflação, o Banco Central pode praticar um nível de taxa de juros abaixo desse patamar. Com isso, a taxa de juros real, nesse quadro, seria negativa.

Isso pode ser desejável em situações em que a economia apresente um quadro de estagnação ou de recessão. Nesse sentido, o Banco Central pode recorrer a esse expediente como uma forma de tentar estimular a demanda agregada e, com isso, reativar a economia.

MACROECONOMIA EMPRESARIAL

Em um quadro deflacionário (inflação negativa), isso não seria possível e mesmo que o Banco Central zere a taxa de juros, a taxa de juros real continuaria positiva. Essa é uma situação enfrentada por alguns países e, por conta disso, alguns bancos centrais nessas economias passaram a praticar taxas de juros negativas como uma forma de lidar com esse problema.

EMPREGO E DESEMPREGO

Uma das principais questões em torno da macroeconomia moderna diz respeito ao emprego e ao desemprego em uma economia. O emprego é claramente uma das variáveis que estão associadas ao bem-estar econômico de uma população. O emprego está associado à capacidade de geração de renda em uma economia e representa um ponto central dos governos nas questões econômicas.

Como qualquer outro mercado, o mercado de trabalho é composto pela oferta e pela demanda por mão de obra dos trabalhadores. Essa demanda é composta pelas vagas oferecidas no mercado de trabalho. A dinâmica desse mercado exibe características relativamente específicas.

Nesse sentido, economias que crescem pouco e que possuem um baixo nível de capacidade de geração de emprego tendem a enfrentar maiores tensões sociais. Tais tensões se manifestam em diferentes níveis na sociedade e pioram a qualidade de vida da população como um todo.

Por conta disso, o papel da moderna teoria macroeconômica é compreender os mecanismos de funcionamento de uma economia em termos agregados. A partir disso, devem ser propostas estratégias de política econômica que visem ampliar o crescimento do produto e do emprego de forma sustentável, com foco na melhoria do bem-estar econômico.

Em termos técnicos, o desemprego ocorre quando parte da força de trabalho de uma economia deseja trabalhar e não consegue obter emprego. A taxa de desemprego, nesse sentido, é a razão entre o número de desempregados em relação ao total da força de trabalho. Essa razão é expressa em termos percentuais.

Em períodos de baixo crescimento ou de recessão, a taxa de desemprego em uma economia tende a aumentar. De maneira inversa, em momentos de expansão acelerada do produto e da renda, o emprego tende a crescer e a taxa de desemprego a declinar.

INFLAÇÃO E EMPREGO **51**

A macroeconomia moderna procura explicar de diferentes formas a natureza e a causa do desemprego. A partir dessas interpretações, as diferentes visões macroeconômicas procuram vislumbrar as possibilidades (ou não) do governo influenciar a economia de forma a estabilizar os ciclos econômicos e o emprego. De qualquer forma, independentemente das diferentes abordagens macroeconômicas, existem alguns conceitos usuais do ponto de vista econômico que podem esclarecer tecnicamente alguns conceitos básicos.

O **desemprego estrutural** é o nível de desemprego associado à incapacidade de uma economia em gerar empregos a todos participantes que desejam trabalhar devido a um descompasso entre as habilidades exigidas pelas vagas disponíveis vis-à-vis aquelas que os trabalhadores possuem.

O **desemprego friccional**, por sua vez, é aquele associado ao período de transição do trabalhador entre um emprego e outro. Esse tipo de desemprego existe devido ao grau de heterogeneidade presente nos trabalhadores e nos empregos. Esse é um nível de emprego voluntário existente nas economias.

A **taxa natural de desemprego (ou pleno emprego)** corresponde ao nível da taxa de desemprego em que a inflação permanece constante. Via de regra, uma taxa de desemprego inferior tende a gerar pressões no mercado de trabalho e acelerar a inflação e, inversamente, níveis de desemprego superiores a esse patamar desaceleram a inflação (esse ponto será discutido na próxima seção). Do ponto de vista técnico, essa taxa é correspondente à Taxa de Desemprego que Não Acelera a Inflação (em inglês: *Non-Accelerating Inflation Rate of Unemployment*: NAIRU).

A taxa de desemprego brasileira é medida pelo IBGE através da Pesquisa Nacional por Amostra de Domicílios (PNAD), realizada de forma contínua. Essa pesquisa é realizada abrangendo mais de 200 mil domicílios trimestralmente, distribuídos em cerca de 3,5 mil municípios no país (as principais regiões metropolitanas estão incluídas).

O IBGE considera pessoas de 14 anos ou mais como aptas para o trabalho. Desse subconjunto, parte participa da força de trabalho, exercendo uma ocupação ou procurando exercer uma ocupação, ou é desocupado (considera-se a janela de 30 dias para esse cálculo). A taxa de desocupação medida pelo IBGE refere-se à relação entre o número de desocupados sobre o total da força de trabalho (apresentada em termos percentuais). O Gráfico 3.3 apresenta a evolução dessa taxa ao longo dos últimos anos no Brasil.

GRÁFICO 3.3
EVOLUÇÃO DA TAXA DE DESOCUPAÇÃO DE DESEMPREGADOS DA FORÇA DE TRABALHO

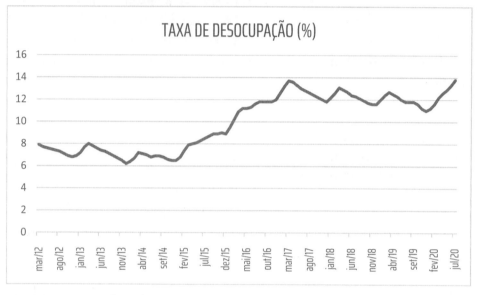

FONTE: IBGE. ELABORAÇÃO PRÓPRIA.

Além do IBGE, outros institutos e órgãos calculam o emprego e o desemprego no Brasil. Desde janeiro de 1985, a Fundação Seade e o Dieese realizam a Pesquisa de Emprego e Desemprego (PED) para a região metropolitana de São Paulo. Gradativamente, outras regiões também passaram a fazer a pesquisa: Porto Alegre e Distrito Federal (1992); Belo Horizonte (1995); Salvador (1996); Recife (1997); e Fortaleza (2008).

MERCADO DE TRABALHO: A RELAÇÃO ENTRE SALÁRIOS E PREÇOS

É possível observar a existência de uma relação entre o estado do mercado de trabalho e o comportamento da inflação. Do ponto de vista da ciência econômica, essa relação foi observada empiricamente no final dos anos 1950 e representou um importante marco teórico.

Em 1958, o economista neozelandês William Phillips estabeleceu a relação entre a taxa de variação dos salários nominais e a taxa de desemprego na eco-

INFLAÇÃO E EMPREGO 53

nomia britânica entre 1861 e 1957[1]. A constatação empírica, obtida a partir dos dados observados, revelou uma relação inversa entre essas duas variáveis. Em outras palavras, quanto maior a taxa de desemprego, menor a taxa de variação nominal dos salários. Inversamente, quanto menor a taxa de desemprego, maior a taxa de variação dos salários. Esse estudo deu a base para o que passou a ser comumente conhecido nos meios econômicos como **curva de Phillips**.

A partir desse estudo, padrões similares foram encontrados em outras economias. Nos anos 1960, essa relação foi estendida de forma mais abrangente de forma a incorporar a inflação no escopo analítico.

A dinâmica de comportamento entre a taxa de desemprego e a taxa de variação de salários, apesar de ser uma observação empírica, pode ser ilustrada a partir da análise do mercado de trabalho e a dinâmica das negociações trabalhistas realizadas entre empresários e os sindicatos (que representam os trabalhadores nesse processo).

Para melhor compreensão dessa dinâmica, imaginemos dois cenários econômicos alternativos em que as negociações trabalhistas tomariam lugar. No primeiro deles, vamos supor que a economia esteja aquecida, com crescimento expressivo do produto e taxa de desemprego baixa. No segundo cenário, vamos supor que a economia esteja enfrentando uma recessão profunda, com taxa de desemprego elevada. Imaginemos como se dariam as negociações trabalhistas, que, no caso brasileiro, são anuais a partir da data-base de cada categoria trabalhista nesses dois cenários alternativos.

No primeiro cenário, o de economia aquecida com desemprego baixo, as negociações trabalhistas a serem realizadas a partir da data-base seriam dadas em um ambiente em que os sindicatos estariam em uma posição fortalecida. Isso decorre do fato de que, com o desemprego baixo, haveria relativa escassez de mão de obra presente no mercado de trabalho. A partir desse quadro, as pressões do sindicato nas negociações por maiores salários e por aumentos de benefícios seriam mais contundentes. Do lado dos empresários, no caso de endurecimento nas negociações, os riscos seriam enfrentar uma greve, com prejuízos consideráveis e, em um ambiente de economia aquecida, perder parte da sua parcela de mercado para a concorrência em face à paralisação. A alternativa a esse processo, seria conceder os reajustes solicitados pelos sindicatos e repassar a alta de custos provocada por esse processo para os preços dos produtos. Note-se que, nesse processo, ocorreu tanto a elevação dos salá-

----

1 Phillips, A.W. The Relation between Unemployment and the Rate of Change of Money Wage Rates in the United Kingdom, 1861-1957. **Economica**, New Series, vol. 25, no. 100. (Nov, 1958), p. 283-299.

rios nominais, quanto dos preços dos produtos (inflação). A tendência é que, quanto menor a taxa de desemprego, maior a intensidade desse processo sobre a dinâmica de reajustes salariais e alta de preços.

Consideremos agora o cenário alternativo, de uma recessão profunda e um desemprego elevado. Nesse ambiente, as negociações trabalhistas iniciadas a partir da data-base se dão em um contexto completamente diverso do verificado no caso anterior. Nessa situação, o desemprego alto implica em uma elevada oferta de mão de obra disponível e temores por parte dos trabalhadores em perder o emprego. Nesse cenário, a postura do sindicato tende a ser menos agressiva do ponto de vista de aumento de salários e de benefícios, procurando trocar, em muitas situações, essa elevação por alguma garantia de emprego por parte dos empresários. Do outro lado, os empresários também se veem em uma posição mais resistente em conceder aumentos de salários e benefícios. Isso decorre não apenas pelo conhecimento do estado da economia e do emprego em vigor, mas também das maiores dificuldades em repassar para os preços finais aumentos de custos de produção derivados de aumentos salariais. O efeito resultante dessa dinâmica é de uma redução no ritmo de elevação dos salários e da alta de preços na economia. Esse processo pode ser sintetizado no Quadro 3.2, que apresenta os cenários econômicos possíveis e os efeitos decorrentes sobre o comportamento dos salários e do ritmo de alta dos preços.

QUADRO 3.2
DINÂMICA DO MERCADO DE TRABALHO E INFLAÇÃO

Negociação Trabalhista (Data-base)			
Cenário	Sindicatos	Empresários	Efeitos
Economia aquecida e desemprego baixo	Posição fortalecida. Demandam reajuste de salários e de benefícios.	Tendem a ceder e repassar alta de salários para preços dos produtos.	Elevação dos salários e pressões sobre o ritmo de alta dos preços.
Recessão profunda e desemprego elevado	Posição enfraquecida. Tendem a trocar elevação de salários por alguma garantia de emprego.	São mais resistentes a conceder aumentos salariais.	Salários tendem a se manter estáveis, com menor pressão sobre o ritmo de elevação dos preços na economia.

FONTE: ELABORAÇÃO PRÓPRIA.

A dinâmica entre desemprego, salário e inflação, estabelecida na curva de Phillips, permite estabelecer um elo em torno da atividade econômica e da

INFLAÇÃO E EMPREGO **55**

inflação. Sob essa perspectiva, se uma economia encontra-se aquecida, com desemprego em queda, a tendência é que isso tenha um reflexo sobre o comportamento da inflação, acelerando-a. Inversamente, se a economia estiver em recessão, com desemprego em alta, o efeito sobre o mercado de trabalho será de uma desaceleração no ritmo de alta dos salários. O impacto direto disso, conforme apontado anteriormente, será de uma desaceleração da inflação.

A **taxa natural de desemprego**, conforme apontado anteriormente, representa o nível de desemprego que mantém a inflação constante ao longo do tempo. Nesse patamar, o estado do mercado de trabalho impõe uma velocidade constante de reajuste dos salários e dos preços.

As expectativas também têm um papel importante na dinâmica de formação dos preços e dos salários na economia. A inflação é um item que recorrentemente entra na pauta das negociações trabalhistas.

Supondo inicialmente que a taxa de desemprego se encontre no seu nível natural, a tendência é que a inflação permaneça inalterada ao longo do tempo, sem perspectiva de alta. Nessa situação, o foco da demanda dos trabalhadores nas negociações trabalhistas centra-se, em princípio, no reajuste dos salários focando a reposição da inflação passada. O repasse dessa alta de salários para os preços levaria à perspectiva de que a inflação permaneceria inalterada.

No entanto, se a taxa de desemprego cair abaixo de seu nível natural e o governo sinalizar que tolerará patamares mais elevados de inflação para manter a economia aquecida, isso será incorporado no processo de formação de expectativas dos agentes econômicos. Do lado dos trabalhadores, esse processo detonará demandas não apenas para incorporar a reposição da inflação passada, mas também parte da inflação futura, uma vez que essa será mais elevada. Isso é uma forma de tentar evitar uma queda do salário real médio ao longo do tempo. Esse fenômeno será acompanhado por um repasse dessa alta de salários para os preços dos bens e serviços, o que terá impactos diretos sobre a inflação.

Essa dinâmica ilustra um efeito importante das expectativas do ponto de vista macroeconômico: **se as expectativas de inflação dos agentes apontam que ela será mais elevada, sem que haja uma sinalização clara do governo no sentido de tentar conter esse processo, isso começa a afetar o comportamento da inflação corrente.** Em outras palavras, se os agentes esperam uma inflação mais elevada mais adiante, isso começa a afetar o comportamento da inflação hoje.

Esse fenômeno também pode atuar em outro sentido. Se o governo deseja baixar a inflação e indica que irá atuar prontamente nessa direção, isso será incorporado no processo de formação de expectativas de inflação dos agentes econômicos. Quanto mais crível o governo estiver acerca das suas ações de política econômica, maior o efeito desse fenômeno sobre o processo de formação das expectativas. Isso será levado em consideração nas decisões de preços e salários dos agentes econômicos, que, uma vez que esperam que a inflação futura seja mais baixa e o desemprego mais elevado, exercerão menos pressão por reajustes salariais e menor impacto em preços. Dessa forma, assim como no caso anterior, as expectativas de inflação formadas pelos agentes econômicos afetam a inflação corrente. Note-se que, se esse efeito for significativo, o tamanho da desaceleração da atividade econômica requerida para baixar a inflação será menor.

Essa dinâmica representa um elo analítico importante no escopo do estudo dos ciclos econômicos. Isso será desenvolvido com maior detalhe no capítulo 4.

SÍNTESE

- Inflação pode ser definida como o aumento do nível médio de preços da economia. Isso significa que, se uma economia registra inflação, isso não necessariamente significa que todos os preços dos bens e serviços dessa economia estejam subindo.

- A deflação representa uma variação negativa do nível médio de preços da economia.

- Em termos práticos, a medida da inflação se dá através da variação dos índices de preços. A construção desses índices incorpora uma cesta representativa de bens e serviços, definida a partir de critérios metodológicos estabelecidos.

- Do ponto de vista econômico, a inflação apresenta custos, como distorções tributárias e de preços relativos, por exemplo, e benefícios, como a possibilidade do governo praticar taxas de juros reais negativas quando necessário.

- Outra medida importante do ponto de vista macroeconômico diz respeito ao emprego. O comportamento do mercado de trabalho está relacionado ao comportamento da atividade econômica, sendo que, quanto mais aquecida uma economia, menor o desemprego.

- O nível de desemprego em uma economia afeta diretamente as negociações trabalhistas. Quanto menor o desemprego, maiores as pressões por reajustes de salários nessas negociações. O inverso ocorre quando o desemprego é elevado.

- A dinâmica dos salários afeta diretamente os custos das empresas e, por sua vez, os preços praticados. Isso significa que há uma conexão entre o desemprego e o comportamento da inflação, dada pela curva de Phillips.

- As expectativas de inflação também afetam a dinâmica dos salários nas negociações trabalhistas. Por conta disso, acabam também por afetar o comportamento da inflação.

TERMOS-CHAVE

- Inflação
- Deflação
- Desinflação
- Índices de Preços
- Custos e benefícios da inflação
- Emprego e desemprego
- Taxa de desemprego
- Curva de Phillips

Questões de Revisão

1. Apresente a definição de inflação.

2. Qual a diferença entre deflação e desinflação?

3. O Índice Nacional de Preços ao Consumidor Amplo (IPCA) é o índice utilizado como referência no sistema de metas para inflação brasileiro. Apresente suas características (faixa de renda, abrangência geográfica, etc.).

4. Apresente a estrutura do Índice Geral de Preços (IGP).

5. Quais as diferenças entre o IGP-DI, o IGP-M e o IGP-10?

6. Quais são os custos da inflação? Explique.

7. Quais são os benefícios da inflação? Explique.

8. Como é medido o desemprego no Brasil?

9. Explique como as condições do mercado de trabalho afetam a dinâmica dos salários e dos preços.

10. O que é taxa natural de desemprego?

CAPÍTULO 4

DINÂMICA MACROECONÔMICA

Nos capítulos anteriores foram discutidos alguns dos principais conceitos macroeconômicos que são relevantes para o monitoramento de uma economia.

No capítulo 2, em particular, foram desenvolvidos os conceitos relativos à produção e à renda, sintetizados na definição de Produto Interno Bruto (PIB). O PIB pode ser associado à produção de todos os bens e serviços finais em uma economia em um determinado período de tempo.

Do ponto de vista econômico, o PIB pode ser avaliado sob três óticas possíveis: produção, renda e demanda agregadas. Essas formas de apresentação do PIB se equivalem, resultando em uma mesma medida (Figura 4.1).

FIGURA 4.1
PRODUTO INTERNO BRUTO E SUAS ÓTICAS

ÓTICAS DO PIB

ÓTICA DA OFERTA		ÓTICA DA RENDA		ÓTICA DA DEMANDA
PRODUÇÃO AGREGADA	=	RENDA AGREGADA	=	DEMANDA AGREGADA

60 MACROECONOMIA EMPRESARIAL

No capítulo 3, foram desenvolvidos os conceitos de inflação e de emprego e desemprego. Aliados a esses conceitos, foram apresentados alguns dos principais indicadores da economia brasileira, que são monitorados diariamente para avaliar o desempenho da nossa economia. Os conceitos apresentados, no entanto, não permitem, por si só, compreender como ocorre a dinâmica macroeconômica em uma economia.

Nesse sentido, o conhecimento puro e simples desses conceitos é insuficiente para o entendimento sobre como ocorre o crescimento econômico e como esse processo se conecta à dinâmica da evolução da inflação.

Sob essa perspectiva, conforme apontado no capítulo 1, a Macroeconomia pode ser segmentada em duas grandes áreas. Uma delas é voltada para o estudo dos ciclos econômicos e quais as ações de política econômica necessárias para o restabelecimento do pleno emprego. As flutuações cíclicas ocorrem em horizontes temporais relativamente curtos, em geral de dois a cinco anos. Por conta disso, esse escopo analítico supõe que a tecnologia é dada e que a produtividade da economia não se altera no horizonte de tempo do ciclo. Este capítulo tem como foco estudar a dinâmica dos ciclos econômicos, bem como analisar como a política econômica deve atuar de tal sorte a levar a economia para o pleno emprego e controlar a inflação.

Na análise do crescimento de longo prazo das economias (que representa a segunda grande área da Macroeconomia), as questões relativas a mudanças tecnológicas, produtividade e acumulação de capital são endereçadas. Nesse escopo analítico, o foco se orienta para os determinantes do crescimento de longo prazo de uma economia e quais as políticas de governo que devem ser adotadas para que as economias apresentem uma trajetória de crescimento mais robusto ao longo do tempo. Essa temática será abordada brevemente no capítulo 8. O Gráfico 4.1 ilustra a dinâmica de crescimento de longo prazo versus as flutuações cíclicas.

Naturalmente, a abordagem da temática proposta pode atingir diferentes níveis de sofisticação e rigor teórico. A ciência econômica moderna se utiliza amplamente de modelos matemáticos que visam representar a realidade. Esse recurso é utilizado há décadas, como uma forma de tentar interpretar a realidade a partir de uma construção abstrata logicamente estruturada.

Os avanços na capacidade computacional das máquinas atuais, conjugados à crescente disponibilidade de dados econômicos, tem permitido que esses modelos sejam amplamente testados estatística e numericamente.

GRÁFICO 4.1
CICLOS ECONÔMICOS VS. CRESCIMENTO DE LONGO PRAZO

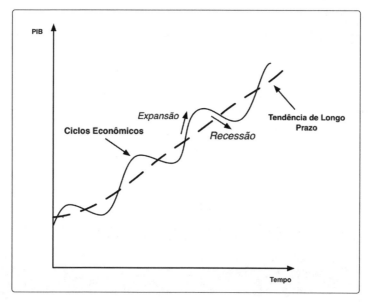

FONTE: ELABORAÇÃO PRÓPRIA.

Obviamente, esse tipo de abordagem não será realizada no contexto deste livro, uma vez que o propósito do mesmo é realizar uma abordagem prática e acessível aos principais aspectos macroeconômicos.

FATORES QUE AFETAM A DEMANDA AGREGADA E SEUS COMPONENTES

Ao longo do capítulo 2, foram discutidos os principais elementos associados à produção (ou renda) agregada de um país. Nessa análise, pode se observar que a produção de uma economia pode ser calculada por diferentes óticas.

Nesse sentido, resgatando os conceitos vistos anteriormente, as componentes da demanda agregada (DA) são:

- **Consumo das Famílias (C):** representa a aquisição de bens e serviços finais realizada por residentes no país.
- **Investimentos (I):** correspondem à formação bruta de capital fixo da economia (máquinas, equipamentos, novas obras etc.) somada à variação de estoques.

MACROECONOMIA EMPRESARIAL

- **Gastos do Governo (G):** representa os gastos correntes do governo (não incluindo investimentos públicos).

- **Exportações (X):** correspondente à venda de bens e serviços a não residentes do país.

- **Importações (M):** representa as aquisições de bens e serviços do resto do mundo realizadas por residentes.

Cada uma dessas componentes responde a mudanças nas variáveis macroeconômicas de maneira distinta.

A Tabela 4.1 apresenta a participação de cada uma das componentes da demanda agregada no PIB brasileiro e sua evolução ao longo do tempo para anos selecionados.

TABELA 4.1
PARTICIPAÇÃO DAS COMPONENTES DA DEMANDA NO PIB (%)

	2000	2005	2010	2015	2019
Consumo das Famílias	64,6	60,5	60,2	64,0	64,9
Consumo do Governo	18,8	18,9	19,0	19,8	20,3
FBCF + Var. de Estoques	18,9	17,2	21,8	17,4	15,1
Exportação de Bens e Serviços	10,2	15,2	10,9	12,9	14,3
Importação de Bens e Serviços	-12,5	-11,8	-11,9	-14,1	-14,7
PIB a Preços de Mercado	100,0	100,0	100,0	100,0	100,0

FONTES: IBGE.

CONSUMO DAS FAMÍLIAS

O consumo das famílias é afetado por diferentes fatores. Um elemento fundamental que afeta essa componente diz respeito ao seu patamar de renda disponível. Nesse sentido, considere-se que as famílias auferem um nível de renda bruta, à qual uma parte é tributada pelo governo. Essa parcela líquida da renda é considerada nas suas decisões de consumo e de poupança. Quanto maior o nível da renda disponível, maiores os patamares de consumo e de poupança das famílias. O inverso é válido em um cenário de retração da renda disponível.

As variações na taxa de juros para empréstimos também afetam o consumo das famílias. A elevação dessas taxas de juros piora as condições de crédito para o consumo, levando a uma retração do mesmo. Ao mesmo tempo, maiores taxas de juros podem induzir os agentes a pouparem mais, como forma de auferirem maiores ganhos com suas aplicações e, com isso, deixar de consumir no presente.

Inversamente, uma redução da taxa de juros para empréstimos melhora as condições de crédito para o consumo, levando a uma expansão do mesmo. A queda da taxa de juros também pode induzir os agentes a pouparem menos, uma vez que os ganhos obtidos nas aplicações financeiras podem não se mostrar tão atrativos.

Note-se que, para efeitos concretos, a sensibilidade em relação à taxa de juros nessa componente de demanda agregada deve ser considerada em termos reais, ou seja, descontando-se a inflação. Se a inflação se situar acima da taxa de juros, por exemplo, as aplicações financeiras terão uma perda em termos reais, ou seja, descontando-se a inflação. Nesse sentido, as famílias estarão mais propensas a poupar menos e consumir mais. O inverso ocorre quanto maior for a taxa de juros real.

O consumo das famílias é a principal componente de demanda agregada no Brasil, representando quase dois terços do total. Isso significa que a evolução dessa componente ao longo do tempo condiciona em boa parte o comportamento da demanda agregada e do PIB.

INVESTIMENTOS

As variações nas taxas praticadas pelas instituições financeiras na ponta do empréstimo afetam os investimentos produtivos. No caso da componente de demanda relacionada aos investimentos, uma redução da taxa de juros para empréstimos diminui os custos de financiamento de novos projetos, viabilizando a aquisição de novas máquinas, equipamentos, construção de novas fábricas etc. Com isso, a queda dos juros estimula o componente de demanda agregada por investimentos.

Inversamente, um aumento da taxa de juros eleva os custos de financiamento, exigindo um maior retorno dos projetos de investimento a serem implementados. Com isso, menos projetos serão viabilizados, o que levará a uma queda da demanda por novos investimentos na economia.

Assim como no caso do consumo das famílias, deve se considerar a taxa de juros real para efeitos de sensibilização nesse componente de demanda agregada.

Outra variável de natureza macroeconômica que influencia os investimentos diz respeito às expectativas dos empresários quanto ao futuro da economia. Se as perspectivas de crescimento econômico são favoráveis, isso torna os empresários mais otimistas quanto ao futuro dos negócios, estimulando os investimentos deles. Por outro lado, se os sinais são de retração da economia, com perspectivas menos favoráveis em termos de crescimento, isso torna os empresários mais conservadores com as suas decisões de investimento, levando a uma postergação ou até cancelamento do mesmo.

A participação dos investimentos no PIB brasileiro tem permanecido relativamente baixa nos últimos anos. Isso pode ser evidenciado pelo comportamento da Formação Bruta de Capital Fixo (FBCF) + Variação de Estoques na Tabela 4.1.

GASTOS DO GOVERNO

Os gastos correntes do governo representam uma parcela importante da demanda agregada na economia.

Essa é uma variável de decisão de política econômica dos governos, que utilizam esse instrumento de acordo com as circunstâncias em que a economia se encontra. Via de regra, quanto maiores esses gastos, maior a demanda agregada. O inverso ocorre se há uma queda dos gastos do governo.

A participação da demanda do governo no PIB tem aumentado ao longo das últimas décadas. Isso é evidenciado na evolução do Consumo do Governo na Tabela 4.1.

EXPORTAÇÕES E IMPORTAÇÕES

As exportações de bens e serviços de um país representam a parcela da demanda agregada relacionada com a aquisição desses itens por não residentes. Por sua vez, um país também realiza importações de bens e serviços, que representam as vendas do resto do mundo aos seus residentes.

Um fator chave, determinante no comportamento dessas componentes da demanda, refere-se ao preço relativo da produção doméstica e a do resto do mundo. Via de regra, quanto menor o preço relativo da produção doméstica em relação à do resto do mundo, maior o direcionamento da demanda dos agentes para a produção doméstica em relação à produzida no exterior. Inversamente, quanto maior o preço relativo da produção doméstica em relação à do resto do mundo, menor a demanda dos agentes para a produção doméstica e maior a demanda pela do exterior.

DINÂMICA MACROECONÔMICA 65

A variável central que determina essa relação de preços relativos reside na taxa de câmbio. A taxa de câmbio representa uma relação entre duas moedas. No caso brasileiro, a referência é o dólar norte-americano e o sistema de cotação utilizado no país aponta a quantidade de moeda nacional necessária para adquirir uma unidade de moeda estrangeira. Por exemplo, se a cotação do dólar estiver a R$6,00, isso significa que são necessários seis reais para adquirir um dólar norte-americano.

Se essa cotação subir, isso significa que serão necessários mais reais para comprar uma unidade de dólar. Nesse caso, diz-se que o real apresentou uma depreciação frente ao dólar, ou seja, o real se tornou uma moeda "mais fraca". Inversamente, se a cotação do dólar cair isso significa que são necessários menos reais para comprar uma unidade de dólar. Nessa situação, diz-se que o real apresentou uma apreciação frente ao dólar, se fortalecendo.

Tudo mais constante, uma depreciação do real frente ao dólar torna os produtos brasileiros mais baratos para o resto do mundo e os produtos importados ficam mais caros para os brasileiros. Em outras palavras, a tendência, a partir disso, é que as vendas externas de produtos brasileiros (exportações) aumentem e as vendas de produtos estrangeiros (importações) diminuam.

De maneira inversa, mantendo tudo mais constante, uma apreciação do real frente ao dólar torna os produtos brasileiros mais caros para o resto do mundo e os produtos produzidos no exterior ficam mais baratos para os brasileiros. Nessa situação, as exportações caem e as importações aumentam.

Note-se que o efeito descrito da taxa de câmbio sobre as exportações e as importações teve a ressalva de que as demais variáveis macroeconômicas se mantiveram constantes. No entanto, não é possível desprezar o efeito da inflação doméstica e a do resto do mundo sobre a competitividade de uma economia. Se a inflação é elevada em uma economia e a variação da taxa de câmbio não compensa esse efeito, a tendência é que as exportações percam competitividade e as importações aumentem nessa economia. O inverso é válido se a inflação for baixa e a taxa de câmbio apresentar uma grande variação. Por conta disso, quando se observa o efeito da taxa de câmbio sobre as exportações e as importações de um país, deve se considerar o comportamento da inflação desse país relativamente à inflação do resto do mundo.

Esse é o conceito da taxa de câmbio real: quanto mais depreciada a taxa de câmbio em termos reais, maiores as exportações e menores as importações. O inverso ocorre no caso de uma apreciação da taxa de câmbio real. O conceito de taxa de câmbio real será mais detalhado no capítulo relativo à política cambial. Além da taxa de câmbio, outros fatores afetam as exportações e as importações de um país.

O desempenho da economia global afeta diretamente as vendas externas. Se a economia global está crescendo, isso significa que, tudo mais constante, as exportações devem aumentar. Inversamente, uma recessão no resto do mundo leva a uma queda das vendas externas, provocando uma retração nas exportações.

Do lado das importações, um fator importante a ser considerado diz respeito ao nível da atividade econômica doméstica. Tudo mais constante, se um país está registrando crescimento do nível de produto real, a demanda por produtos importados tende a aumentar. Inversamente, se um país está em recessão, registrando queda do nível de produto, a tendência é que as importações diminuam. A Tabela 4.1 apresenta a evolução da participação das exportações e das importações na demanda agregada brasileira ao longo do tempo.

FATORES QUE AFETAM A DEMANDA AGREGADA: SÍNTESE

A análise realizada ao longo desta seção apresentou os fatores macroeconômicos que afetam a demanda agregada e suas componentes. O Quadro 4.1 sintetiza os efeitos descritos.

QUADRO 4.1
FATORES MACROECONÔMICOS QUE INFLUENCIAM A DEMANDA AGREGADA

Componente da Demanda Agregada	Fatores Macroeconômicos que Influenciam
Consumo das Famílias	• Impostos (afetam renda disponível) • Taxa de juros real
Investimentos	• Expectativa de crescimento econômico • Taxa de juros real
Gastos do Governo	• Variável de decisão do governo
Exportações	• Taxa de câmbio real • Crescimento econômico do resto do mundo
Importações	• Taxa de câmbio real • Crescimento econômico doméstico

DINÂMICA DA PRODUÇÃO E DA RENDA

As três óticas do PIB apresentadas no capítulo 2 e ilustradas na Figura 4.1 representam uma identidade do ponto de vista contábil. Em outras palavras, a métrica do PIB brasileiro calculada pelo IBGE a cada período incorpora essa identidade.

De fato, essa métrica representa uma espécie de fotografia do momento da economia. O resultado divulgado aponta o fluxo de produção, da renda e da demanda em uma economia em um determinado período de tempo. Esse valor permite vislumbrar a dimensão do crescimento econômico em relação ao período anterior. Ele também permite inferir se houve estagnação ou mesmo uma recessão (dada pela queda da produção e da renda).

No entanto, esses valores, por si só, não permitem vislumbrar de forma clara quais foram os condicionantes que levaram a esse resultado. Em outras palavras, os resultados divulgados pelo IBGE permitem verificar o ocorrido, mas limitam-se puramente a isso.

Nesse contexto, mostra-se relevante não apenas identificar uma recessão econômica, mas também saber quais são os instrumentos capazes de retirar o país da mesma. De maneira similar, é importante saber não apenas se uma economia está crescendo em um ritmo muito acelerado, mas também quais são as ações possíveis que o governo pode adotar para evitar o sobreaquecimento econômico.

Conforme apontado anteriormente, a ciência econômica tem se debruçado sobre esse tema ao longo das últimas décadas. Os avanços na disponibilidade de informações e na capacidade dos computadores têm permitido que os governos atuem de forma cada vez mais adequada com vistas a calibrar o ritmo da atividade econômica a um baixo patamar de inflação. No entanto, é possível conhecer esse processo dinâmico de uma forma mais intuitiva, de tal sorte a compreender as ações de governo envolvidas em cada uma das circunstâncias possíveis.

Dessa forma, vamos reconfigurar a Figura 4.1 colocando de um lado a produção agregada (ótica da oferta) e do outro a demanda agregada (ótica da demanda).

Os três grandes macrossetores pelo lado da produção são: agropecuária, indústria e serviços. Dentro desses setores temos uma pluralidade de subsetores cujo detalhamento não cabe nesta exposição.

Do lado da demanda agregada, conforme visto no capítulo 2, a segmentação se dá pelos grandes grupos de agentes macroeconômicos: famílias, empresas, governo e resto do mundo. Dessa forma, pelo lado da demanda agregada temos os seguintes componentes: consumo das famílias, investimentos, gastos do governo, exportações e importações (que entram com o sinal negativo nessa conta). Essa reconfiguração pode ser observada na Figura 4.2.

FIGURA 4.2
OFERTA AGREGADA E DEMANDA AGREGADA

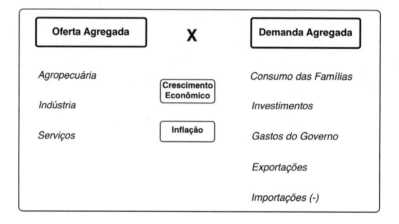

A relação dinâmica entre a produção agregada de bens e serviços e a demanda agregada dos mesmos ditará o ritmo da atividade econômica e da evolução dos preços (inflação) em uma economia.

Nesse sentido, é possível imaginar que as economias tenham um fluxo de produção agregado que se mantém a cada momento. Esse fluxo produtivo é absorvido pelo fluxo da demanda agregada a cada instante. Esses fluxos podem variar ao longo do tempo, o que se traduz em períodos de expansão ou de retração econômica. A esses fluxos também está associado o comportamento do desemprego, que tende a subir ou a cair de acordo com o estado da economia.

Vamos imaginar, inicialmente, que tanto a produção agregada quanto a demanda agregada apresentem o mesmo ritmo de crescimento ao longo de alguns trimestres, mantendo a taxa de desemprego inalterada e no seu nível natural. Esse quadro impõe um ritmo estável de alta dos preços dos bens e serviços compatível com esse crescimento.

Imagine-se agora que o fluxo da demanda agregada acelere seu ritmo de crescimento a partir de um trimestre específico. O efeito dessa aceleração sobre a economia será percebido por uma queda do nível de estoques agregado. Essa queda terá como reação uma elevação do ritmo da produção, que visará repor estoques e atender o novo patamar de crescimento da demanda. Em outras palavras, a produção agregada reagirá ao aumento da demanda agregada. Esse processo também exercerá alguma pressão de alta sobre os preços de bens e serviços. Ao mesmo tempo, a taxa de desemprego cairá, aumentando as pressões por maiores salários[1]. Com isso, esse fenômeno de aceleração no ritmo da produção e da renda tenderá a aumentar o ritmo de alta dos preços (inflação). A Figura 4.3 ilustra essa dinâmica.

FIGURA 4.3
DINÂMICA DE ACELERAÇÃO DA PRODUÇÃO E DA INFLAÇÃO

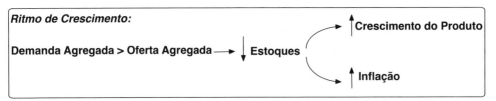

Por outro lado, é possível imaginar que o ritmo da demanda agregada desacelere. Nesse caso, será percebido um aumento do nível de estoques agregados na economia. Esse aumento levará as empresas a desacelerarem seu ritmo de produção, uma vez que as mesmas procurarão se adequar ao novo patamar de evolução da demanda. Esse processo também terá influência sobre o comportamento da dinâmica dos preços dos bens e serviços, exercendo um efeito de diminuir o ritmo de alta dos mesmos. Também é importante notar que, de maneira similar ao caso anterior, a produção responderá à desaceleração da demanda agregada e o desemprego irá aumentar. Nesse ambiente, com estoques em alta e desaceleração no ritmo de crescimento da produção e da renda, os preços tendem a subir em um ritmo mais lento. Esse fenômeno é ilustrado na Figura 4.4.

---

1 Relembre a discussão sobre a dinâmica de desemprego e salários realizada no capítulo 3.

FIGURA 4.4
DINÂMICA DE DESACELERAÇÃO DA PRODUÇÃO E DA INFLAÇÃO

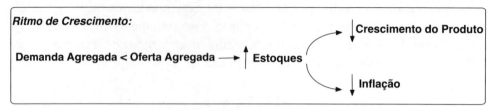

Essa análise permite inferir que o comportamento da demanda agregada é que imprime o ritmo de crescimento da produção e da renda em uma economia, bem como da inflação. Se houver aceleração do crescimento da demanda, a produção responderá com uma aceleração equivalente ao longo do tempo, com um impacto inflacionário. O inverso é válido em um contexto de desaceleração do ritmo de crescimento da demanda, o que levará a uma desaceleração equivalente na produção e da renda. Nesse caso, também será observada uma desaceleração no ritmo da alta de preços.

POLÍTICA ECONÔMICA E DINÂMICA MACROECONÔMICA

A política econômica dos governos, voltada para influenciar os ciclos, tem como foco atuar no sentido de estimular ou desestimular a demanda agregada.

Dessa forma, se uma economia está em desaceleração no ritmo de crescimento e diminuição no ritmo da inflação, o sentido da política econômica é de estimular a demanda agregada. Nesse caso, a política econômica é caracterizada como expansionista, ou seja, tem como foco expandir a demanda agregada.

De maneira inversa, se a economia está aquecida e com inflação em alta, o sentido da política econômica será de desestimular a demanda agregada. Nesse caso, a política econômica deverá ser contracionista, ou seja, ter como foco contrair a demanda agregada. Essas ações são sintetizadas no Quadro 4.2.

QUADRO 4.2
POLÍTICA ECONÔMICA EM CENÁRIOS ALTERNATIVOS

Cenários	Sentido da Política Econômica
• Crescimento econômico robusto • Inflação elevada	• Contracionista
• Recessão econômica • Inflação baixa	• Expansionista

Do ponto de vista prático, o sentido da política econômica praticada pelo governo (expansionista ou contracionista) será ditado pelo comportamento da inflação.

Isso decorre do fato de que a inflação é a variável macroeconômica que denota a compatibilidade do ritmo de crescimento da produção com o aumento da capacidade produtiva e do crescimento da produtividade de uma economia.

Se uma economia possui um baixo nível de investimento na produção e a produtividade cresce lentamente, sua capacidade produtiva se expandirá a um ritmo lento. Isso significa que mesmo um baixo crescimento da produção e da renda nessa economia pode impor pressões de preços levando a uma alta da inflação. Se o governo tentar praticar uma política econômica expansionista nessa situação, estimulando a demanda agregada, pode levar a uma aceleração ainda maior da inflação, sem um correspondente aumento do crescimento. Isso fica mais contundente à medida que vários setores terão sua capacidade ociosa esgotada nessa situação.

Inversamente, se uma economia possui bons níveis de investimento e a sua produtividade cresce em ritmo acelerado, sua capacidade produtiva aumenta de forma rápida. Com isso, essa economia poderá expandir sua produção e renda de forma mais acelerada que a apontada no caso anterior, sem maiores pressões inflacionárias.

Conforme apontado anteriormente, a discussão acerca da questão da produtividade e das políticas possíveis para tentar acelerar o ritmo de crescimento da mesma são reservadas ao longo prazo (abordado no capítulo 8). Da mesma forma, esse escopo temporal também visa elucidar questões relativas à acumulação de capital físico em uma economia ao longo do tempo. Essa discussão será feita com maior detalhe no capítulo específico às questões de longo prazo.

No âmbito dos ciclos econômicos, o sentido da política econômica (expansionista ou contracionista) ficará condicionado ao comportamento da inflação.

MACROECONOMIA EMPRESARIAL

Não sem razão, vários países ao redor do mundo, entre eles o Brasil, adotaram ao longo das últimas décadas o regime de metas para inflação como balizador das ações da política monetária.

Em linhas gerais, a política econômica pode ser definida como um conjunto de ações de um governo visando atingir objetivos específicos. Do ponto de vista da política econômica voltada para ciclos econômicos, seu papel centra-se em levar a economia ao pleno emprego e manter a inflação sob controle.

Basicamente, dois grandes eixos consagrados da política econômica atuam no sentido de influenciar a demanda agregada: a política monetária e a política fiscal.

A política monetária diz respeito à forma com que os governos administram sua moeda. Nas economias modernas, essa função é delegada a uma autoridade monetária, cujo papel é ser responsável pela emissão da moeda. Esse papel é desempenhado pelo banco central de cada país e a forma de atuação moderna é através do controle da liquidez das economias a partir das taxas de juros de curto prazo. No caso brasileiro, esse papel é desempenhado pelo Banco Central do Brasil (BCB), que intervém no mercado de reservas dos bancos como forma de administrar a taxa básica de juros (Selic).

A política fiscal refere-se ao uso dos impostos e dos gastos do governo como forma de influenciar a demanda agregada. Nesse sentido, variações dos níveis de impostos afetam a renda disponível das famílias, influenciando seu nível de consumo. As mudanças nos gastos do governo, por sua vez, afetam diretamente a demanda agregada, estimulando-a ou desestimulando-a. O Quadro 4.3 apresenta um resumo sintético dos eixos de política econômica e dos instrumentos disponíveis a cada um deles.

QUADRO 4.3
INSTRUMENTOS DA POLÍTICA ECONÔMICA

Eixo da Política Econômica	Instrumentos
• Política monetária	• Taxa de juros
• Política fiscal	• Impostos • Gastos do Governo

Dessa forma, através das ações de política monetária e de política fiscal, o governo tem a capacidade de influenciar o consumo das famílias, os investimentos e os gastos do governo.

Conforme comentado anteriormente, em um quadro de inflação baixa e pouco crescimento econômico (ou de recessão), o governo deve praticar uma política econômica expansionista. Do ponto de vista da política monetária, isso representa, por exemplo, uma redução da taxa de juros por parte do banco central. Do ponto de vista da política fiscal, isso representa uma diminuição dos impostos ou um aumento dos gastos do governo.

Inversamente, em um cenário de inflação elevada e de crescimento econômico robusto, o governo deve praticar uma política econômica contracionista. Do lado da política monetária, isso pode ser dado através da elevação da taxa de juros por parte do banco central. Do lado da política fiscal, isso se daria através de um aumento de impostos e/ou do corte de gastos do governo.

Isso significa que o governo, através da política econômica, pode influenciar o comportamento da demanda agregada. Com isso, ele afeta o comportamento da produção e da renda e, por conseguinte, da inflação. Os cenários alternativos e as opções de política econômica são sintetizados no Quadro 4.4.

QUADRO 4.4
CENÁRIOS E OPÇÕES DE POLÍTICA ECONÔMICA

Cenários	Política Econômica	Uso de Instrumentos
• Crescimento robusto • Desemprego baixo • Inflação elevada	• Contracionista	**Política monetária** • Elevação da taxa de juros **Política fiscal** • Aumento de impostos • Redução de gastos do governo
• Recessão econômica • Desemprego elevado • Inflação baixa	• Expansionista	**Política monetária** • Redução da taxa de juros **Política fiscal** • Redução de impostos • Aumento de gastos do governo

TAXA DE CÂMBIO, SETOR EXTERNO E POLÍTICA CAMBIAL

Um elemento que não está inserido na discussão até o momento diz respeito ao papel da taxa de câmbio e seu efeito sobre a demanda agregada e o conjunto da economia.

A taxa de câmbio, conforme anotado anteriormente, tem efeitos diretos sobre a demanda agregada, uma vez que seu comportamento influencia as exportações e as importações.

O comportamento da taxa de câmbio tem um efeito direto sobre a demanda agregada, via exportações e importações. Em outras palavras, é possível gerar estímulos à demanda agregada utilizando-se essa variável. O Quadro 4.5 resume os efeitos a partir de variações da taxa de câmbio considerando os demais fatores econômicos constantes.

QUADRO 4.5
EFEITOS DE VARIAÇÕES DA TAXA DE CÂMBIO REAL

Cenário	Efeitos
• Depreciação real da moeda	• Aumento das exportações • Queda das importações
• Apreciação real da moeda	• Queda das exportações • Aumento das importações

Um efeito associado às variações na taxa de câmbio reside no seu impacto sobre os preços domésticos. Uma elevação da cotação do dólar eleva os preços dos produtos (bens finais e insumos) importados. Da mesma forma, os produtores dos bens exportados ajustarão os preços desses produtos vendidos domesticamente. Isso significa que a alta da cotação do dólar tende a ter um efeito inflacionário na economia. A velocidade com que esse repasse da taxa de câmbio para preços ocorre depende de fatores relacionados à capacidade dos produtores realizarem isso. Quanto mais desaquecida a economia, mais lento esse repasse.

De maneira similar, uma apreciação cambial reduz o preço dos produtos importados e diminui pressões de reajuste de preços dos bens exportados. Isso tende a conter pressões inflacionárias.

Esses elementos indicam um papel importante da taxa de câmbio do ponto de vista macroeconômico. De um lado, essa variável tem efeitos sobre a demanda agregada via exportações e importações e, de outro, tem impactos sobre o comportamento dos preços de uma economia ao longo do tempo.

Em função disso, os governos definem um escopo de atuação em torno dessa variável, definida como política cambial. Essa política deve estar alinhada com a opção que é feita em torno do conjunto de opções acerca da taxa de câmbio. Isso define a forma de atuação do governo em torno das intervenções nesse mercado.

No caso brasileiro, desde 1999, o regime cambial é flutuante, o que significa que, em tese, a cotação do dólar é formada a partir da oferta e demanda de moeda estrangeira no mercado de câmbio. No entanto, essa cotação pode ser afetada a partir de intervenções do governo nessa esfera. Isso se dá comprando ou vendendo moeda estrangeira no mercado de câmbio ou através de operações no mercado futuro. A taxa de câmbio também é, em boa medida, afetada pela taxa de juros praticada internamente, uma vez que o patamar da mesma tende a atrair ou não capitais estrangeiros para aplicações no Brasil.

A discussão acerca dos possíveis regimes cambiais, do mercado de câmbio e da política cambial será aprofundada no capítulo 6, que tratará especificamente sobre essa temática.

O PAPEL DAS EXPECTATIVAS NA DINÂMICA MACROECONÔMICA

Conforme já apontado no capítulo 3, um fator importante do ponto de vista macroeconômico diz respeito às expectativas. Em linhas gerais, as expectativas estão associadas a um conjunto de suposições que os agentes econômicos realizam acerca do futuro. Essas suposições balizam as decisões que os mesmos realizam em torno das decisões individuais, dos negócios e da própria política econômica do governo.

Se os empresários estão otimistas em relação às perspectivas econômicas e esperam que a economia vá registrar bons níveis de crescimento, isso afetará positivamente suas decisões de investimentos em novas plantas, aquisição de maquinário, novas contratações, etc. Inversamente, se os empresários estiverem pessimistas quanto ao futuro dos negócios, isso também afetará suas decisões acerca dos negócios, levando-os a postergar ou cancelar novos projetos de investimentos, adiar contratações de novos empregados etc.

76 MACROECONOMIA EMPRESARIAL

Análise similar pode ser feita em relação ao consumo das famílias: se os consumidores estão otimistas e confiantes em relação às perspectivas econômicas, eles estarão mais propensos a consumir mais. O inverso é válido se os mesmos estiverem pessimistas quanto ao futuro da economia, devendo ser mais conservadores nas suas decisões de consumo.

Conforme apontado no capítulo 3, as expectativas também têm um papel importante na dinâmica de formação dos preços e dos salários na economia. A inflação é um item que recorrentemente entra na pauta das negociações trabalhistas e nas negociações de vários contratos na economia.

Se a economia estiver aquecida, com baixo nível de desemprego, a inflação apresentará uma tendência de alta. Caso o governo não sinalize e atue claramente do lado da política econômica, sancionando o quadro de aceleração da inflação, os agentes econômicos incorporarão essa dinâmica no seu processo de formação de preços. Nessa situação, a expectativa dos agentes será de que a inflação será mais elevada no futuro e esse fenômeno começará a afetar a inflação corrente, elevando-a.

Esse é um aspecto importante a ser considerado do lado da política econômica, particularmente, no âmbito da política monetária praticada pelo banco central. Se a política monetária for conduzida de tal sorte a sancionar um quadro de inflação elevada, esse processo terá impactos apenas inflacionários no médio prazo, sem efeito sobre o crescimento econômico. Adicionalmente, caso o banco central se mostre permissivo com o ambiente inflacionário, esse processo contaminará as expectativas dos agentes econômicos, minando sua credibilidade em termos de instância responsável no controle da inflação. Caso isso ocorra, o banco central terá maior dificuldade em baixar a inflação, uma vez que a perda da credibilidade afetará diretamente as expectativas em um contexto de aceleração da inflação. Em outras palavras, o banco central terá que praticar uma política monetária muito mais apertada, com juros elevados, para baixar a inflação, gerando custos maiores em termos de crescimento e de emprego.

Por conta disso, os bancos centrais procuram monitorar as expectativas de inflação na economia, procurando agir prontamente na formação de pressões inflacionárias indesejáveis. Esse tipo de protocolo de ação tende a manter elevada a reputação do banco central no combate à inflação, evitando os problemas descritos anteriormente, e com menores custos para a sociedade em termos de renda e emprego.

VARIAÇÕES DE PREÇOS DE INSUMOS IMPORTADOS E INFLAÇÃO

Os preços dos insumos de produção importados representam outra variável macroeconômica que afeta os preços dos bens domésticos. Isso ocorre porque esses insumos são utilizados ao longo do processo produtivo de diversos bens na economia e seu preço afeta diretamente os custos de produção das empresas. Isso significa que se ocorre uma elevação dos preços desses insumos no mercado internacional, isso refletirá sobre os custos das empresas domésticas, que, em algum momento terão que repassar a alta desse custo para os preços dos bens produzidos. De maneira inversa, uma queda dos preços desses insumos no mercado internacional diminui os custos de produção das empresas. Isso diminui as pressões por altas de preços dos bens, contribuindo para diminuir a inflação.

Nos anos 1970, os choques do petróleo, que representaram uma expressiva elevação do preço internacional dessa *commodity*, tiveram um impacto considerável sobre a inflação em várias economias. Nos EUA, por exemplo, a inflação subiu consideravelmente naquela década e só voltou a cair no início dos anos 1980, após esforços do lado da política econômica no sentido de conter o processo inflacionário.

CICLOS E POLÍTICA ECONÔMICOS: VISÃO GERAL

Nas seções anteriores, foram desenvolvidos os principais elementos associados à dinâmica de ciclos econômicos de curto e médio prazos e o papel da política econômica nesse contexto. Os pontos abordados deixam claros, de maneira simplificada, como a economia funciona e o papel da política econômica no âmbito das flutuações cíclicas.

Cada eixo da política econômica (monetária, fiscal e cambial) tem efeitos sobre diferentes componentes da demanda agregada da economia. Através do uso dos instrumentos concernentes a cada aspecto da política econômica, o governo influencia o comportamento da demanda agregada, do crescimento e do emprego e, por fim, da inflação.

FIGURA 4.5
VISÃO GERAL DA DINÂMICA DE CICLOS ECONÔMICOS

Oferta Agregada X Demanda Agregada	Política Econômica		
	Política Monetária	Política Fiscal	Política Cambial
Consumo das Famílias	✓	✓	
Investimentos	✓		
Gastos do Governo		✓	
Exportações			✓
Importações (-)			✓

Oferta Agregada: Agropecuária, Indústria, Serviços → Crescimento Econômico, Inflação

Mercado de Trabalho — Desemprego X Taxa de Variação dos Salários

Taxa de Câmbio

Expectativas de Inflação

Variações de Preços de Insumos Importados

FONTE: ELABORAÇÃO PRÓPRIA.

A Figura 4.5 sintetiza de forma simplificada os principais elementos abordados ao longo deste capítulo. Ele representa uma versão simplificada da estrutura macroeconômica discutida, indicando o efeito sobre cada componente de demanda agregada oriundo de cada eixo da política econômica.

Note-se que esse diagrama também apresenta os efeitos sobre a inflação decorrentes da dinâmica do mercado de trabalho, de mudanças na taxa de câmbio, das expectativas de inflação e de variações nos preços de insumos importados na economia.

Os capítulos 5 a 7 serão dedicados ao detalhamento da política econômica em cada uma das suas dimensões: monetária, fiscal e cambial. Isso permitirá o aprofundamento de cada um desses eixos, tanto do ponto de vista operacional no âmbito do governo quanto do ponto de vista instrumental e dos seus efeitos diretos e indiretos sobre a economia.

SÍNTESE

■ A Macroeconomia pode ser subdividida em duas grandes subáreas. Uma delas é voltada para a análise dos ciclos econômicos, com um horizonte temporal de curto e médio prazos. A outra é voltada para o estudo dos determinantes do crescimento econômico de longo prazo das economias.

DINÂMICA MACROECONÔMICA 79

- As economias apresentam flutuações cíclicas, conjugando períodos de crescimento econômico e de recessão.

- O estudo da dinâmica das flutuações cíclicas revela que o comportamento da demanda agregada tem papel importante nesse processo.

- A análise dos fatores macroeconômicos que afetam o comportamento da demanda agregada, bem como de suas componentes, se mostra relevante para balizar quais ações de política econômica os governos devem adotar para estabilizar o crescimento econômico e a inflação.

- No contexto das componentes da demanda agregada, o consumo das famílias é afetado pelos impostos (que impactam sobre a renda disponível) e pela taxa de juros. Os investimentos são afetados pela taxa de juros e pelas expectativas dos empresários. As exportações, por sua vez, são afetadas pela taxa de câmbio real e pelo crescimento econômico do resto do mundo, assim como as importações. Os gastos do governo representam uma variável de decisão de política econômica, sendo afetados de acordo com a orientação do governo nesse sentido.

- Se uma economia exibe crescimento econômico acelerado e inflação alta, o governo deve praticar uma política econômica contracionista, como forma de conter o processo inflacionário e evitar um sobreaquecimento econômico. Inversamente, se a economia estiver em recessão e com inflação baixa, ele deve praticar uma política econômica expansionista, como forma de estimular a demanda agregada e reativar a economia.

- As expectativas de inflação, os preços dos insumos importados e as variações cambiais também afetam o processo inflacionário e devem ser considerados no contexto da definição da política econômica do governo.

TERMOS-CHAVE

- Ciclos econômicos
- Demanda agregada e seus componentes
- Consumo das Famílias
- Investimentos
- Gastos do Governo
- Exportações e Importações

MACROECONOMIA EMPRESARIAL

- Taxa de câmbio real
- Dinâmica da produção e da renda
- Política econômica
- Instrumentos da política econômica
- Expectativas
- Variação de preços de insumos importados

Questões de Revisão

1. Quais são as duas grandes subáreas da Macroeconomia? Explique brevemente.

2. Como a taxa de juros e os impostos afetam o consumo das famílias? Explique.

3. Quais são os fatores macroeconômicos que afetam os investimentos? Explique.

4. Quais são os fatores macroeconômicos que afetam as exportações e as importações? Explique brevemente.

5. Quais os efeitos macroeconômicos que ocorrem se a demanda agregada estiver evoluindo a um ritmo superior ao da produção? Explique.

6. Quais os efeitos macroeconômicos que ocorrem se a demanda agregada estiver evoluindo a um ritmo inferior ao da produção? Explique.

7. Como deve atuar a política econômica em um cenário de crescimento econômico robusto e inflação alta? Explique.

8. Como deve atuar a política econômica em um quadro de recessão econômica e inflação baixa? Explique.

9. Como as expectativas afetam a dinâmica macroeconômica?

10. Explique como uma alta do preço internacional de uma *commodity* pode afetar a inflação em uma economia.

CAPÍTULO 5
POLÍTICA MONETÁRIA

A política monetária refere-se, basicamente, à gestão da moeda, com foco em atingir um conjunto de objetivos, dentre os quais destaca-se a manutenção da inflação em patamar baixo. Outros objetivos podem estar atrelados a esse, como o pleno emprego e a administração da taxa de câmbio. A composição desses objetivos depende do mandato explícito do banco central, que pode mudar de país para país.

Essencialmente, a política monetária tem a função de estabilizar o ciclo econômico e é conduzida pelo banco central, com sua gestão recaindo em âmbito nacional. Alguns exemplos de bancos centrais podem ser dados pelo Federal Reserve (ou, abreviadamente, Fed) no caso dos EUA, o Banco da Inglaterra, o Banco do Japão (BOJ) e o Banco Central Europeu (BCE) para a zona do euro. No caso do Brasil, a administração da política monetária é desempenhada pelo Banco Central do Brasil (BCB).

Os bancos centrais têm a faculdade de criar ou destruir a base monetária, que é dada pelo papel moeda em poder do público somada às reservas bancárias dos bancos comerciais. Dessa forma, os bancos centrais têm a capacidade de influenciar a liquidez do sistema econômico e, com isso, afetar diretamente as taxas de juros praticadas pelas instituições financeiras.

Via de regra, as atuações dos bancos centrais afetam diretamente a liquidez do sistema econômico e, com isso, as taxas de juros de curtíssimo prazo (no caso brasileiro, a taxa básica de juros, a Selic). As variações nessas taxas afetam diretamente as demais taxas praticadas pelas instituições financeiras e, por conseguinte, as taxas de juros na ponta do empréstimo.

OBJETIVOS DA POLÍTICA MONETÁRIA

Os objetivos da política monetária a serem perseguidos pelo banco central estão explícitos em seu mandato. Do ponto de vista histórico, esses objetivos mudaram ao longo do tempo e, no início dos anos 1970, havia objetivos relativamente conflitantes para a política monetária. A experiência de alta inflação naquela década, particularmente após os choques do petróleo, mostrou a necessidade do estabelecimento de metas mais específicas. Nesse contexto, o foco no controle da inflação em patamar baixo surgiu como objetivo dominante no mandato dos bancos centrais modernos. No entanto, vale a pena ressaltar que outros objetivos, como a estabilidade do produto, da taxa de câmbio e do sistema financeiro, também figuram no mandato de alguns bancos centrais. O detalhamento desses objetivos se mostra relevante no âmbito da discussão acerca da política monetária e o papel do banco central.

1. **Estabilidade da inflação:** o controle da inflação figura como o principal objetivo dos bancos centrais na atualidade. Esse é um consenso que se formou na década de 1980 e ganhou força na prática da política monetária nas décadas seguintes. Esse objetivo se alinha com o papel do banco central de diversas formas. Embora a moeda possa ter efeitos reais nos curto e médio prazos, é reconhecido na teoria econômica que ela é neutra do ponto de vista do crescimento econômico no longo prazo. Em outras palavras, o crescimento de uma economia no longo prazo depende de fatores como poupança, investimentos, ganhos de produtividade etc. Nesse horizonte temporal, a moeda tem apenas efeitos nominais em uma economia, ou seja, inflação. Dessa forma, tendo o banco central como uma instância alinhada com esse objetivo, livre de pressões políticas ou de grupos de interesse econômico, se mostra fundamental no âmbito do controle da inflação. Isso significa que a arquitetura institucional sobre a qual o banco central deve estar construída precisa considerar o papel primordial da instituição no controle da inflação, evitando que o mesmo se foque excessivamente em objetivos secundários. Essa estrutura deve ser construída de tal sorte a garantir ao banco central a independência na administração da política monetária.

2. **Estabilidade do produto:** ainda que a o controle da inflação figure como o objetivo primordial dos bancos centrais modernos, isso não exclui inteiramente o objetivo da estabilização do produto como uma meta secundária. De fato, vários bancos centrais, como o Banco

Central do Brasil, atuam de forma a tentar estabilizar o produto e levar a economia ao pleno emprego.

3. **Estabilidade da taxa de câmbio:** a taxa de câmbio, historicamente, teve o papel de ser um objetivo intermediário da política monetária. Isso decorre do seu papel sobre o sistema econômico. Conforme apontado no capítulo 4, a taxa de câmbio tem o papel de influenciar a demanda agregada, via exportações e importações, e a inflação. Por conta disso, muitos bancos centrais adotam o controle da taxa de câmbio como um instrumento para o controle da inflação, condicionando a política monetária à sustentabilidade dessa estratégia. Mesmo em países que adotam o regime de taxa de câmbio flutuante, não é raro o banco central atuar no mercado de câmbio de forma a tentar suavizar os movimentos da cotação da moeda estrangeira e evitar volatilidade excessiva da mesma.

4. **Estabilidade financeira:** um sistema financeiro saudável é primordial para o bom funcionamento da política monetária, uma vez que os canais de transmissão da mesma dependem essencialmente disso. Nesse sentido, a política monetária tem efeitos diretos sobre a saúde das instituições financeiras. A prática de juros excessivamente baixos, por exemplo, pode induzir as instituições a realizarem empréstimos excessivos e à consequente elevação desmesurada de preços de ativos. Tal processo levaria a uma potencial fragilização dos balanços das instituições financeiras, com riscos para a saúde do sistema e do conjunto da economia. A crise de 2008 nos EUA deixou uma importante lição nesse sentido, colocando ênfase no papel da política monetária na estabilidade financeira.

Os principais objetivos da política monetária são sintetizados no Quadro 5.1.

QUADRO 5.1

Objetivos da Política Monetária
• Estabilidade da inflação
• Estabilidade do produto
• Estabilidade da taxa de câmbio
• Estabilidade financeira

INSTRUMENTOS DA POLÍTICA MONETÁRIA

Para que o banco central atinja seus objetivos, ele dispõe de instrumentos com os quais pode contar para influenciar a economia. A ação desses instrumentos tem efeito sobre a demanda agregada e, através disso, tem impacto direto sobre o objetivo final, que é o controle da inflação.

Basicamente, o banco central dispõe de três instrumentos para administrar a política monetária e, com isso, atingir seus objetivos:

1. controle das taxas de juros de curto prazo, através das operações em mercado aberto;
2. recolhimentos compulsórios sobre os depósitos à vista;
3. taxa de juros das operações de redesconto.

OPERAÇÕES EM MERCADO ABERTO

Esse é o instrumento mais utilizado pelos bancos centrais no controle da política monetária. Basicamente, através dessas operações, os bancos centrais administram a liquidez do sistema financeiro e, com isso, influenciam as taxas de juros praticadas pelo mesmo. Diariamente, a liquidez do sistema flutua, à medida que as operações e transações vão ocorrendo. A disponibilidade de recursos de cada instituição, centrada nas suas reservas bancárias, varia ao longo do dia e não é incomum uma instituição ver seu caixa diminuir enquanto outra vê seu caixa aumentar. Isso não necessariamente representa um risco para a instituição que vê seu caixa baixar e, em geral, representa uma baixa da sua liquidez. Para mitigar esse risco, é normal que uma instituição nessa situação tome empréstimos de outra que tenha caixa excedente.

Em muitas situações, esse é um problema de curto prazo e a instituição pode tomar recursos emprestados no mercado nesse horizonte temporal. Uma forma que a instituição tem de pagar juros mais baixos nesse tipo de empréstimo junto ao mercado é dar um ativo como garantia. Os títulos públicos figuram como os ativos mais livres de risco em uma economia, o que permite que os empréstimos que tenham como garantia esses ativos tenham juros mais baixos.

Dessa forma, é normal que as instituições realizem negociações no mercado, tomando empréstimos e usando esse ativo como garantia. Nesse tipo de operação, a instituição realiza uma operação de venda com compromisso de recompra futura do título. Nessa operação, a instituição emprestadora passa a deter o título público e o revende na data estabelecida. Esse tipo de empréstimo, obviamente, envolve uma taxa de juros entre as instituições, cuja média ponderada pelo volume forma a taxa de juros de curto prazo. Essas são as taxas de juros mais baixas praticadas nos mercados, uma vez que são operações de curtíssimo prazo que têm como garantia o ativo de menor risco da economia, o título público.

Essas taxas flutuam de acordo com liquidez do sistema financeiro. Quando há pagamento de impostos, por exemplo, os recursos saem do sistema e são depositados no caixa do governo, o que diminui a liquidez do mesmo. Nessa situação, a tendência é que, dada a diminuição dos recursos no sistema, as taxas de juros de curto prazo subam. O inverso ocorre quando a liquidez das instituições financeiras aumenta.

Os bancos centrais podem atuar influenciando a liquidez do sistema de duas formas distintas: vendendo ou comprando títulos públicos no mercado de forma definitiva, e com isso afetando a liquidez de maneira mais permanente, e vendendo ou comprando títulos com compromisso de recompra ou revenda futura, afetando a liquidez de forma transitória.

Dessa forma, se um banco central deseja provocar uma elevação da taxa de juros, ele atua no mercado aberto vendendo títulos públicos e, com isso, retirando liquidez do sistema. Inversamente, se um banco central deseja baixar a taxa de juros, ele atua comprando títulos públicos no mercado e, com isso, injetando liquidez no sistema.

Note-se que as operações envolvendo o compromisso de recompra ou revenda futura afetam a liquidez de forma transitória, ao contrário das operações definitivas. Esse tipo de intervenção permite uma espécie de "sintonia fina" do banco central em torno das taxas práticas entre as instituições, em especial aquelas praticadas em operações de curto prazo.

Como essas taxas envolvem operações de baixo risco, uma vez que são de curto prazo e têm títulos públicos como garantia, elas acabam formando uma espécie de piso para as demais taxas praticadas pelas instituições financeiras. Via de regra, essas taxas são as mais baixas que as instituições conseguem obter e emprestar recursos no mercado.

Isso significa que as demais taxas se "assentam" sobre a taxa de juros de curto prazo e, se esta subir, as demais taxas praticadas pelos bancos também subirão. Inversamente, se essa taxa cair, a tendência é que as demais taxas praticadas pelas instituições financeiras também caiam. Essa mecânica permite que o banco central exerça um controle, ainda que indireto, sobre as taxas de juros praticadas nas operações de empréstimo.

86 MACROECONOMIA EMPRESARIAL

Ou seja, se um banco central deseja que as taxas de juros para empréstimos subam, ele atua de forma a retirar liquidez do sistema, vendendo títulos. Inversamente, se ele deseja que essas taxas caiam, ele realiza operações em mercado aberto comprando títulos e, com isso, retirando liquidez do mercado. As intervenções via operações em mercado aberto com compra e venda compromissadas de títulos públicos permitem um controle mais preciso das taxas de juros de curto prazo praticadas entre as instituições financeiras.

No Brasil, o Banco Central realiza operações em mercado aberto que afetam diretamente o nível da taxa de juros Selic, que é formada diariamente a partir das operações de empréstimo entre instituições financeiras pelo prazo de um dia, tendo como lastro títulos públicos federais. As ações do Banco Central no mercado aberto visam administrar a liquidez do sistema e, com isso, calibrar o nível da taxa Selic para o patamar desejado. O Gráfico 5.1 apresenta a evolução da taxa básica de juros desde 2001.

Essa estrutura operacional se alinha com a lógica de controle do crescimento econômico e da inflação. Os bancos centrais modernos avaliam periodicamente as condições da economia (inflação e crescimento econômico) e estabelecem uma meta para as taxas de juros de curto prazo que devem ser praticadas entre as instituições financeiras. Caso um banco central julgue necessário baixar a inflação e, para tanto, desacelerar o ritmo do crescimento econômico, ele eleva essa meta. Dessa forma, as taxas de juros de curto prazo sobem e, consequentemente, as taxas de juros das operações de empréstimo também sobem. Com isso, o consumo das famílias e os investimentos são afetados, levando a uma desaceleração da demanda agregada. Sendo assim, os estoques na economia sobem, levando a uma desaceleração no ritmo da produção e da inflação.

Alternativamente, se um banco central julga que a inflação está baixa e que a economia se encontra em ritmo lento, ele baixa a meta da taxa de juros de curto prazo. A queda nessa taxa levará a uma queda naquelas praticadas nas operações de empréstimo. Com isso, o consumo das famílias e os investimentos reagirão, levando a um aumento da demanda agregada. Isso provocará uma diminuição dos estoques na economia, o que levará a uma aceleração no ritmo da produção e da inflação.

GRÁFICO 5.1
TAXA SELIC (% A.A.)

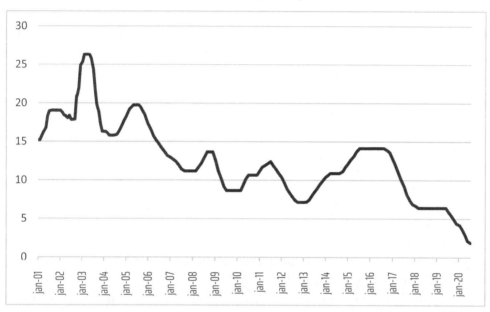

FONTE: BANCO CENTRAL DO BRASIL. ELABORAÇÃO PRÓPRIA.

Esse é o principal instrumento utilizado pelos bancos centrais modernos no controle da evolução do crescimento econômico e da inflação. Ele permite que o banco central faça ajustes periódicos e em níveis que permitam suavizar a evolução do produto ao longo do ciclo econômico, tendo como foco o controle da inflação.

No Brasil, a instância que decide acerca da meta da taxa Selic é o Comitê de Política Monetária (Copom), do Banco Central. A organização, estrutura e o processo de decisão desse Comitê serão discutidos mais adiante.

É importante observar que os ajustes promovidos na taxa de juros de curto prazo não refletem imediatamente sobre o ritmo de crescimento e da alta dos preços na economia. Cada ajuste promovido por um banco central leva alguns meses para ser percebido sobre a atividade econômica e sobre a inflação. Esse processo embute um conjunto de incertezas, dadas as limitações inerentes relativas às projeções, por mais bem aparelhado que o banco central esteja do ponto de vista do corpo técnico. Por conta disso, os bancos centrais sempre tomam suas decisões olhando para o futuro e estas tendem a ser relativamente cautelosas.

DEPÓSITOS COMPULSÓRIOS

As instituições financeiras que recebem depósitos à vista guardam uma parte desses recursos em caixa, na forma de reservas bancárias, que são compostas por recursos depositados em uma conta no banco central e pelo volume de moeda física. Em geral, isso representa uma fração do total desses depósitos e o restante fica disponível para que os bancos realizem operações ativas, como empréstimos, o que significa que as instituições financeiras trabalham com um volume de recursos disponíveis na forma de reservas bancárias abaixo do seu saldo total de depósitos à vista[1].

Esse processo permite a expansão do crédito no sistema econômico: quanto mais as instituições disponibilizam recursos para empréstimos, maior o volume disponível para pessoas físicas e jurídicas. Ao mesmo tempo, essa dinâmica leva à expansão do volume de meios de pagamento no sistema, através da geração de novos depósitos à vista. Isso ocorre porque os empréstimos liberados pelos bancos aos clientes são depositados na sua respectiva conta de depósitos à vista. Considerando-se a recorrência desse processo, isso gera um efeito multiplicador na criação desses depósitos[2].

É importante notar que a proporção de depósitos à vista que as instituições financeiras mantêm na forma de reservas bancárias afeta o volume de empréstimos no sistema econômico: quanto maior essa proporção, menor o volume de volume de empréstimos para um dado saldo de depósitos à vista na instituição. Inversamente, se as instituições decidem diminuir essa proporção, isso significa que, para um dado volume de depósitos à vista, o banco estará mais disposto a conceder empréstimos.

É natural que esses movimentos afetem diretamente as taxas de juros praticadas nas operações de empréstimo, que flutuam de acordo com o volume disponível, quanto menor o volume, maiores as taxas e vice-versa.

O banco central pode impor limites mínimos dessa proporção que os bancos comerciais tenham que deter na forma de reservas bancárias. Esse limite

---

1 As instituições financeiras trabalham dessa forma em um contexto que os depositantes não sacarão todos os seus recursos ao mesmo tempo. Essas reservas têm o papel atender saques, transferências e pagamentos diversos realizados pelos depositantes no decorrer de cada dia. Elas também representam o total de recursos líquidos que as instituições dispõem para realizar suas operações.

2 Considerando que os meios de pagamento de maior liquidez em uma economia são dados pela soma do papel moeda em poder do público e do total de depósitos à vista, essa mecânica permite notar que não é apenas o banco central que cria moeda em uma economia. Os bancos comerciais também criam moeda na forma de depósitos à vista (moeda bancária).

mínimo de reservas deve ser depositado obrigatoriamente no banco central e são mais conhecidos no Brasil como depósitos compulsórios.

Esse dispositivo representa um instrumento de política monetária em mãos do banco central. Quando ele aumenta essa proporção, ou seja, as exigências que os bancos tenham em reservas sobre o total de depósitos à vista, as instituições financeiras terão menos recursos disponíveis para realizar empréstimos e, com isso, as taxas de juros para essas operações subirão. Com isso, os custos para obter financiamento por parte das famílias e das empresas subirão. Assim, o consumo das famílias e os investimentos das empresas desacelerarão. O impacto disso será um aumento do nível de estoques na economia, levando a uma desaceleração do crescimento e da inflação. O inverso disso ocorre se o banco central reduz essas exigências, o que levaria a uma expansão do volume de crédito na economia, com queda nas taxas de juros de empréstimo e consequente reação da demanda do setor privado.

Dessa forma, o banco central pode, através dos depósitos compulsórios, controlar a expansão dos meios de pagamento na economia e também influenciar a demanda agregada, o crescimento econômico e a inflação.

No caso brasileiro, o Banco Central define essa proporção sobre os depósitos. O BC não realiza alterações frequentes nessas proporções e esse não constitui seu principal instrumento de política monetária.

TAXAS DE JUROS DAS OPERAÇÕES DE REDESCONTO

Uma das funções de um banco central é a de emprestador de última instância das instituições bancárias. Ele exerce essa função através das operações de redesconto e as instituições financeiras solicitam essas operações quando têm algum problema de fluxo de caixa. Os bancos centrais impõem uma taxa de juros sobre tais operações acima das praticadas nos mercados. Em outras palavras, as instituições não têm incentivo a recorrer a esse tipo de linha de financiamento porque seu custo é mais elevado em relação ao que poderia ser obtido no mercado. Elas recorrem a esse tipo de operação em momentos que têm alguma dificuldade de fluxo de caixa.

Esse tipo de operação também representa um instrumento de controle monetário. Por exemplo, se o banco central elevar as taxas de juros das operações de redesconto, ele está sinalizando para as instituições financeiras para serem mais conservadoras e cuidadosas ao administrarem seu fluxo de caixa, pois o custo de um desajuste e de terem de recorrer a operações de redesconto se tornou mais elevado. Isso significa que, tudo mais constante, as instituições tenderão a emprestar menos, o que elevará em alguma medida as taxas de juros na ponta do empréstimo. Tal fenômeno terá efeitos sobre o consumo das famílias e os investimentos. Raciocínio análogo pode ser aplicado em sentido contrário caso o banco central decida reduzir as taxas de juros das operações de redesconto.

Em função disso, as operações de redesconto também podem ser consideradas um instrumento de política monetária à disposição de um banco central. Através dessas operações, ele também pode afetar a liquidez das instituições financeiras e, com isso, as taxas de juros praticadas pelas mesmas.

No caso brasileiro, o Banco Central não utiliza recorrentemente as operações de redesconto como um instrumento de política monetária. Ele alinha esse tipo de operação com sua função de prestamista de última instância. No caso do Brasil, o acesso a essas operações é facultado a instituições financeiras titulares de conta de reserva bancária. Essas operações são concedidas a critério do Banco Central e ocorrem mediante solicitação das instituições financeiras. O BC geralmente concede os recursos à instituição tomadora de crédito, tomando como garantia títulos públicos.

De qualquer forma, mesmo que o Banco Central do Brasil não tenha o objetivo de utilizar as operações de redesconto para controlar a liquidez do sistema bancário, ele tem à disposição esse instrumento caso deseje utilizá-lo em algum momento.

O Quadro 5.2 sintetiza os instrumentos da política monetária que um banco central tem a seu dispor.

QUADRO 5.2

Instrumentos da Política Monetária
- Operações em mercado aberto
- Depósitos compulsórios
- Redesconto

CANAIS DE TRANSMISSÃO DA POLÍTICA MONETÁRIA

Um dos grandes desafios no campo do estudo da economia monetária é compreender plenamente o processo através do qual as alterações promovidas pelo banco central nos seus instrumentos se transmitem no contexto da economia até atingir os objetivos da política monetária, particularmente, a inflação.

Uma mudança na meta da taxa básica de juros Selic por parte do Banco Central não tem efeitos imediatos sobre a demanda agregada e sobre a dinâmica dos preços no Brasil. Essa mudança gera impactos que são transmitidos por diferentes caminhos na economia brasileira e afetam a evolução da demanda agregada e dos preços por diferentes canais e com defasagens distintas.

O conhecimento existente sobre o processo de transmissão da política monetária é relativamente limitado. Os próprios economistas não são consensuais sobre o modelo correto de representar a economia e nem sobre as técnicas econométricas adequadas.

As defasagens impõem uma problemática adicional no que se refere à transmissão da política monetária. Existem defasagens que são internas do processo de implementação da política monetária em si, que vão desde a identificação da necessidade de ajuste até a calibragem do instrumento adequado no patamar considerado adequado para corrigir o problema. Essa defasagem também pode incorporar o processo de ajuste das instituições financeiras às condições de liquidez estabelecidas a partir do ajuste procedido. A partir disso, existem defasagens entre o ajuste realizado pelos bancos e os efeitos sobre a demanda agregada e a inflação.

O processo de transmissão da decisão da política monetária até seu objetivo final ocorre por diferentes caminhos, que são usualmente conhecidos como canais de transmissão da política monetária. Os canais de transmissão da política monetária podem ser segmentados em cinco tipos: taxa de juros, preços dos ativos, crédito, expectativas e taxa de câmbio.

Canal da Taxa de Juros

Mantendo-se tudo mais constante, uma variação nas condições monetárias afeta diretamente as taxas de juros que influenciam as decisões do consumo das famílias e dos investimentos.

No Brasil, por exemplo, as reduções da taxa Selic promovidas pelo Banco Central em 2009 tiveram um efeito direto sobre o consumo das famílias brasileiras e sobre os investimentos. Esse fenômeno, conjugado à solidez do sistema financeiro brasileiro e ao baixo grau relativo de endividamento das famílias naquele momento, fez com que a economia brasileira registrasse uma rápida retomada no ano seguinte.

Note-se, no contexto dessa discussão, que os bancos centrais administram as taxas de juros de curto prazo e as taxas relevantes para decisões de consumo e investimento são as taxas esperadas reais de juros com horizontes mais longos. Sob essa perspectiva, é relevante considerar nesse caso que, para efeitos de análise, torna-se relevante o conhecimento das diferentes taxas que afetam os componentes de demanda agregada e como os mesmas se relacionam com as flutuações que ocorrem na taxa de juros de curto prazo.

Canal dos Preços dos Ativos

Usualmente, estabelece-se que existe uma relação inversa entre preços de ativos e taxa de juros. Via de regra, uma redução da taxa de juros de curto prazo se traduz em um aumento do valor dos ativos financeiros nas mãos das famílias e parte desse ganho se converte em maior consumo. Um exemplo disso pode ser verificado no que ocorre na bolsa de valores: se o banco central diminuir a taxa de juros, isso será interpretado como um aumento futuro da demanda agregada e maior crescimento econômico. Tal interpretação detonará uma revisão para cima das projeções de lucro e de expansão das empresas e se traduzirá em uma valorização da bolsa de valores. Com isso, as famílias terão um aumento da sua riqueza financeira e parte desse ganho extra tenderá a se converter em consumo. Nesse caso, o canal da riqueza também afeta o setor empresarial: a alta do preço das ações eleva a lucratividade dos novos gastos de capital, o que estimula os investimentos. O raciocínio inverso nesse processo é válido se o banco central elevar a taxa de juros de curto prazo.

A dinâmica da relação entre taxa de juros e preços de ativos não se restringe exclusivamente a ativos financeiros. Essa relação é palpável no caso do setor imobiliário. Nos EUA, por exemplo, as baixas taxas de juros praticadas nos primeiros anos da década passada estiveram na raiz do *boom* dos preços dos imóveis naquele período. A alta dos preços dos imóveis, por sua vez, contribuiu para sustentar o consumo norte-americano até a crise de 2008.

Esse exemplo ilustra o que ocorre em aplicações financeiras de renda fixa pré-fixadas quando a taxa de juros de curto prazo cai. Em outras palavras, uma redução na taxa de juros de curto prazo se traduz em um ganho de riqueza para os detentores de ativos financeiros de renda fixa pré-fixadas. O movimento inverso ocorre caso a taxa de juros seja elevada.

Canal do Crédito

O canal do crédito da política monetária corresponde aos efeitos de variações da taxa de juros de curto prazo sobre a oferta de crédito. Quando o banco central altera a taxa de juros de curto prazo, ele afeta diretamente as condições das instituições se financiarem no curto prazo e, com isso, as condições de liquidez das mesmas. Isso afeta diretamente as condições com que o crédito é ofertado pelos bancos nas operações de empréstimo.

Se um banco central reduz a taxa de juros de curto prazo, ele, na prática, está melhorando as condições com que uma instituição financeira pode se financiar no mercado. A partir dessa melhoria, as instituições tenderão a aumentar a oferta de crédito.

No caso brasileiro, se o Banco Central decide pela redução da taxa Selic, isso diminui o custo das instituições se financiarem no mercado por um dia. O efeito direto disso, considerando-se que os bancos são agentes maximizadores de lucro, se traduz em uma ampliação da oferta de crédito das instituições financeiras brasileiras.

Logicamente, o bom funcionamento desse canal de transmissão pressupõe a solidez do sistema financeiro. Se os bancos, por exemplo, tiverem seus balanços comprometidos e se encontrarem fragilizados, a redução da taxa de juros não necessariamente se materializará em uma expansão da oferta de crédito.

Canal das Expectativas

As expectativas têm um papel fundamental na inflação do ponto de vista da teoria macroeconômica. Ao alterar a taxa de juros, o banco central pode afetar as expectativas dos agentes quanto ao crescimento do produto e do emprego. Com isso, ele afetará suas decisões sobre preços e salários e o comportamento da inflação. Se o banco central deseja estimular o crescimento do produto e do emprego, ele reduz a taxa de juros e sinaliza aos agentes que praticará uma política monetária expansionista. Isso tornará os empresários mais confiantes e dispostos a investir, ao mesmo tempo que também melhorará a confiança das famílias quanto ao estado da economia, o que terá efeitos sobre o consumo das mesmas. O inverso ocorre se o banco central decidir praticar uma política monetária contracionista.

O Banco Central do Brasil tem à sua disposição diversas pesquisas que procuram refletir as expectativas das famílias brasileiras e dos empresários realizadas pela FGV, CNI, FIESP e outras instituições. Ele também procura saber mais sobre isso realizando levantamentos diretos e coletando informações de projeções acerca das principais variáveis macroeconômicas brasileiras junto ao setor privado (instituições financeiras, consultorias etc.). Essas projeções ficam disponíveis para o público de forma consolidada no Relatório Focus de Mercado, disponível semanalmente pelo Banco Central na sua página na internet.

Canal da Taxa de Câmbio

As variações promovidas na taxa de juros pelo banco central em uma economia aberta afetam o fluxo de capitais externos para o país. Se um banco central está elevando a taxa de juros em um país, isso significa que, tudo mais constante, ele está aumentando a rentabilidade das aplicações financeiras em renda fixa nessa economia. À medida que esse movimento impõe um diferencial sobre as remunerações em outros países, a tendência é que os capitais se direcionem para essa economia. Esse ingresso de capitais externos tenderá a promover uma apreciação da moeda doméstica. Caso isso ocorra, a tendência é que a inflação registre alguma desaceleração. Isso decorre do fato de que, com a apreciação da moeda doméstica, os preços dos bens comercializáveis com o exterior tenderão a enfrentar uma resistência de alta. Ao mesmo tempo, a apreciação da moeda tenderá a desacelerar as exportações e a aumentar as importações, levando a uma redução da demanda agregada. Esse fenômeno reforça a desaceleração da economia imposta pela alta da taxa de juros. O raciocínio inverso desse processo ocorre no caso de uma redução da taxa de juros por parte do banco central, o que tenderá a elevar a inflação através desse canal.

No caso brasileiro, esse canal se mostrou relativamente intenso nos primeiros anos do regime de metas para inflação, que foi implementado em 1999. As oscilações da taxa de câmbio naquele período refletiram duramente na inflação. Alguns estudos recentes sugerem que esse efeito tenha sido reduzido nos últimos anos na economia brasileira.

O Quadro 5.3 sintetiza os canais de transmissão da política monetária.

QUADRO 5.3

Canais de Transmissão da Política Monetária
• Canal da taxa de juros
• Canal dos preços dos ativos
• Canal do crédito
• Canal das expectativas
• Canal da taxa de câmbio

POLÍTICA MONETÁRIA NÃO CONVENCIONAL

Em situações normais, os bancos centrais fazem uso dos instrumentos regulares de política monetária descritos. Essa forma de administração visa, em última instância, influenciar a inflação e o ciclo econômico através dos canais de transmissão da política monetária.

No entanto, em situações excepcionais, os bancos centrais podem fazer uso de instrumentos não convencionais. Essa prática ocorre em momentos em que os instrumentos convencionais deixam de funcionar e ocorre uma espécie de ruptura nos canais de transmissão tradicionais da política monetária. Nessas

POLÍTICA MONETÁRIA **95**

situações, as condições financeiras tendem a não responder adequadamente às reduções na taxa de juros promovidas pelo banco central. A circunstâncias experimentadas podem levar à redução da taxa de juros ao patamar zero, sem que ocorra uma reação clara do ponto de vista da economia.

Essa prática ganhou maior força nos últimos anos em algumas economias desenvolvidas após a crise de 2008. Em setembro daquele ano, a falência do banco Lehman Brothers levou a uma sucessão de eventos nos EUA que fizeram com que o Federal Reserve atuasse de forma a evitar o colapso do sistema financeiro. As ações do Fed levaram a taxa de juros dos EUA a virtualmente zero e a instituição passou a prover ampla liquidez ao sistema para evitar que a crise se alastrasse. Mesmo assim, isso não evitou que a economia americana enfrentasse uma recessão e que fosse estendida a outros países no episódio que ficou conhecido como a Grande Recessão.

As circunstâncias excepcionais nos anos que se seguiram à crise levaram alguns bancos centrais a adotarem políticas monetárias não convencionais, que vão além da administração das taxas de juros de curto prazo. Em geral, essas políticas têm como foco lidar com os problemas decorrentes da ruptura dos mecanismos de transmissão da política monetária e fornecer estímulos monetários adicionais quando a taxa de juros administrada pelo banco central não tem mais como ser reduzida. Dentre os bancos centrais que utilizaram em alguma medida esses instrumentos, destacam-se o Federal Reserve, o Banco da Inglaterra e o Banco Central Europeu.

Os instrumentos de política monetária não convencional podem ser classificados em quatro grandes categorias:

1. **Taxa de juros negativas:** até a crise de 2008, a percepção era de que o limite da taxa de juros que um banco central deveria praticar deveria ser próximo, ou, no limite, igual a zero (*"zero lower bound"*). A possibilidade de uso de taxas de juros negativas, em que é imposto um custo ao excesso de reserva dos bancos comerciais depositados no banco, tornou-se uma realidade prática possível para a política monetária. A lógica subjacente a essa estratégia reside no estímulo aos bancos comerciais ampliarem suas operações de empréstimo, uma vez que os mesmos incorrerão em custos caso deixem recursos em excesso no seu caixa.

2. **Extensão de operações de empréstimo:** outro instrumento de política monetária não convencional adotado por alguns bancos centrais foi a extensão de operações de empréstimo a intermediários financeiros. Em geral, as operações de empréstimo da autoridade monetária

aos bancos comerciais tendem a ocorrer em prazos curtos. A mudança no uso desse instrumento não convencional foi que alguns bancos centrais passaram a fornecer maior liquidez a uma ampla gama de instituições financeiras. Essas operações passaram a ocorrer com condições mais facilitadas para as instituições financeiras, com o banco central tomando como garantia ativos de menor qualidade e oferecendo prazos mais longos. O uso desse instrumento visou evitar uma quebra de instituições financeiras, que poderiam levar a efeitos mais graves do ponto de vista do sistema econômico.

3. **Programas de compras de ativos:** esse instrumento consiste na aquisição de ativos financeiros em larga escala por parte do banco central junto às instituições financeiras. Esse instrumento vai, naturalmente, além das aquisições convencionais realizadas nas operações em mercado aberto, típicas dos bancos centrais. A racionalidade por trás da compra de ativos reside no impacto esperado sobre os preços dos ativos, reduzindo os juros e o prêmio de risco associado a esses ativos. O resultado esperado desse tipo de ação é que gere algum impacto sobre os custos de empréstimos, com efeitos positivos sobre o lado real da economia.

4. **Forward Guidance:** esse instrumento (cujo nome ainda não possui uma boa tradução para o português) consiste em fornecer ao mercado informações sobre as ações futuras da política monetária e, com isso, influenciar as expectativas acerca da taxa de juros e gerar impactos sobre os juros futuros. Usualmente, os bancos centrais já fornecem informações acerca das suas decisões e sinalizam quais serão os próximos passos da política monetária. O uso do *forward guidance* vai além dessa prática convencional e procura indicar como a taxa de juros se comportará por um período mais longo. O sucesso dessa estratégia depende, essencialmente da capacidade de comunicação do banco central, bem como da sua credibilidade.

METAS PARA INFLAÇÃO

Desde o final dos anos 1980, vários países têm adotado o regime de metas para inflação. A Nova Zelândia foi o primeiro país a adotar essa estratégia em 1989, sendo seguida por Israel (1991), Canadá (1991), Chile (1991), Reino Unido (1992), Suécia (1993), Finlândia (1993), Austrália (1993), entre outros. Atualmente o Banco Central Europeu também adota o regime de metas para inflação como estratégia de política monetária.

O regime de metas para inflação tem na sua raiz o anúncio de uma meta quantitativa para a inflação (bem como do seu intervalo de tolerância) para um ou mais períodos de tempo considerados na estrutura da estratégia. Nesse regime, o banco central deve realizar grandes esforços de comunicação junto à sociedade no sentido de deixar claro quais são os objetivos da política monetária e as ações do banco central no sentido de cumpri-los.

O regime de metas para inflação pressupõe que o banco central tenha independência nos seus instrumentos de política monetária, ou seja, ele deve ter a faculdade de utilizar esses instrumentos sem a interferência de outras áreas do governo.

Em geral, não cabe diretamente ao banco central o papel de definir os elementos associados propriamente à meta de inflação, do intervalo de tolerância e dos horizontes de tempo, embora ele possa ter participação no processo. Isso quer dizer que, via de regra, o banco central não possui independência no regime de metas para inflação, sendo que a mesma é definida em outra instância. Ao banco central, cabe o papel de cumprir a meta utilizando os instrumentos de política monetária à sua disposição.

Os esforços em torno da comunicação por parte do banco central visam, de um lado, diminuir as incertezas associadas ao processo de condução da política monetária. De outro lado, esses esforços têm um importante papel na condução das expectativas dos agentes em torno das variáveis macroeconômicas e, particularmente, da inflação. As informações disponibilizadas pelo banco central são levadas em consideração pelos agentes econômicos no seu processo decisório e contribuem, dessa forma, no processo de formação das expectativas dos mesmos.

As expectativas têm um importante papel ao influenciar as decisões dos agentes econômicos e, com isso, o comportamento das variáveis macroeconômicas. Os bancos centrais realizam grandes esforços de acompanhamentos dessas expectativas e as mesmas são levadas em consideração no processo de definição da estratégia da política monetária. Se as expectativas de inflação dos agentes privados estiverem subindo e se desviando do centro da meta, isso reforçará uma ação do banco central em termos de aperto da política monetária, determinando uma elevação das taxas de juros de curto prazo.

O regime de metas para inflação é considerado uma estratégia que permite maior flexibilidade à política monetária praticada pelo banco central para lidar com choques de oferta agregada e demanda agregada. Isso decorre do fato de que essa estratégia não impõe uma regra rígida ao banco central, como é o caso da meta para taxa de câmbio, por exemplo. Nesse sentido, o banco central tem maior margem de manobra para lidar com essas situações. Assim, para permi-

98 MACROECONOMIA EMPRESARIAL

tir algum grau de discricionariedade restrita, o regime de metas para inflação deve estabelecer uma regra de política monetária para o banco central seguir.

O REGIME DE METAS PARA INFLAÇÃO BRASILEIRO

O regime de metas para inflação brasileiro nasceu em junho de 1999, na sequência da mudança do regime cambial brasileiro no início daquele ano. O fim da âncora cambial como forma de controle da inflação impôs ao governo o desafio da implementação de uma estratégia de política monetária que viabilizasse a manutenção da inflação em patamar baixo no Brasil. Em junho de 1999, mediante o Decreto Presidencial nº 3.088, foi estabelecido o regime de metas para inflação brasileiro. Esse decreto transferiu ao Conselho Monetário Nacional (CMN) o poder de definir a meta para a inflação e o intervalo de tolerância da mesma. Esse instrumento também reforçou o papel do Banco Central como agente responsável para o estabelecimento das políticas necessárias para o cumprimento das metas.

Desde 1999, ficou estabelecido que o índice de preços utilizado como referência para o regime de metas para inflação brasileiro seria o Índice Nacional de Preços ao Consumidor Amplo (IPCA), calculado mensalmente pelo IBGE. A escolha desse índice deveu-se ao fato de que tem boa abrangência geográfica (11 principais regiões metropolitanas do país) e amplo espectro de renda (1 a 40 salários mínimos) para efeitos de cálculo da cesta representativa de bens e serviços.

Do ponto de vista operacional, o CMN, na sua reunião anual em junho, estabelece a meta para inflação e o intervalo de tolerância para a mesma. A Tabela 5.1 mostra quais foram as metas e os intervalos de tolerância desde a implementação do regime em 1999. Note-se que, em alguns anos, esses valores foram alterados em função dos choques adversos nos preços oriundos da forte depreciação da moeda brasileira em relação ao dólar no período.

TABELA 5.1
HISTÓRICO DAS METAS PARA INFLAÇÃO

Ano	Norma	Data	Meta (%)	Banda (p.p.)	Limites Inferior e Superior (%)	Inflação Efetiva (IPCA % a.a.)
1999			8,00	2,00	6,00-10,00	8,94
2000	Resolução 2.615	30/06/1999	6,00	2,00	4,00-8,00	5,97
2001			4,00	2,00	2,00-6,00	7,67
2002	Resolução 2.744	28/06/2000	3,50	2,00	1,50-5,50	12,53
2003	Resolução 2.842	28/06/2001	3,25	2,00	1,25-5,25	9,30
	Resolução 2.972	27/06/2002	4,00	2,50	1,50-6,50	
2004	Resolução 2.972	27/06/2002	3,75	2,50	1,25-6,25	7,60
	Resolução 3.108	25/06/2003	5,50	2,50	3,00-8,00	
2005	Resolução 3.108	25/06/2003	4,50	2,50	2,00-7,00	5,69
2006	Resolução 3.210	30/06/2004	4,50	2,00	2,50-6,50	3,14
2007	Resolução 3.291	23/06/2005	4,50	2,00	2,50-6,50	4,46
2008	Resolução 3.378	29/06/2006	4,50	2,00	2,50-6,50	5,90
2009	Resolução 3.463	26/06/2007	4,50	2,00	2,50-6,50	4,31
2010	Resolução 3.584	01/07/2008	4,50	2,00	2,50-6,50	5,91
2011	Resolução 3.748	30/06/2009	4,50	2,00	2,50-6,50	6,50
2012	Resolução 3.880	22/06/2010	4,50	2,00	2,50-6,50	5,84
2013	Resolução 3.991	30/06/2011	4,50	2,00	2,50-6,50	5,91
2014	Resolução 4.095	28/06/2012	4,50	2,00	2,50-6,50	6,41
2015	Resolução 4.237	28/06/2013	4,50	2,00	2,50-6,50	10,67
2016	Resolução 4.345	25/06/2014	4,50	2,00	2,50-6,50	6,29
2017	Resolução 4.419	25/06/2015	4,50	1,50	3,00-6,00	2,95
2018	Resolução 4.499	30/06/2016	4,50	1,50	3,00-6,00	3,75
2019	Resolução 4.582	29/06/2017	4,25	1,50	2,75-5,75	4,31
2020	Resolução 4.582	29/06/2017	4,00	1,50	2,50-5,50	
2021	Resolução 4.671	26/06/2018	3,75	1,50	2,25-5,25	
2022	Resolução 4.724	27/06/2019	3,50	1,50	2,00-5,00	
2023	Resolução 4.831	25/06/2020	3,25	1,50	1,75 - 4,75	

FONTE: BANCO CENTRAL DO BRASIL.

IMPLEMENTAÇÃO DA POLÍTICA MONETÁRIA

Na estrutura do regime, cabe ao Banco Central a implementação da política monetária com vistas ao cumprimento das metas. Essa tarefa demandou por parte da instituição um conjunto de ações considerando a estruturação da política monetária em um contexto de regime de metas para inflação. A primeira ação diz respeito ao processo decisório da política monetária em si. Para isso, a diretoria colegiada do Banco Central e a presidência da instituição passaram a compor o Comitê de Política Monetária (Copom), que se reúne periodicamente para avaliar o ambiente macroeconômico e calibrar a meta da taxa básica de juros com foco no cumprimento da meta para inflação.

As decisões do Copom acerca da taxa de juros consideram aspectos econômicos importantes alinhados com a lógica de administração da demanda agregada. Nesse sentido, o Comitê considera elementos associados à inflação, atividade econômica, contas públicas e cenário externo (vide Figura 5.1). A análise realizada considera não apenas o diagnóstico da situação atual, mas também as perspectivas para a evolução das variáveis relacionadas.

FIGURA 5.1
O QUE O COPOM CONSIDERA EM SUAS DECISÕES

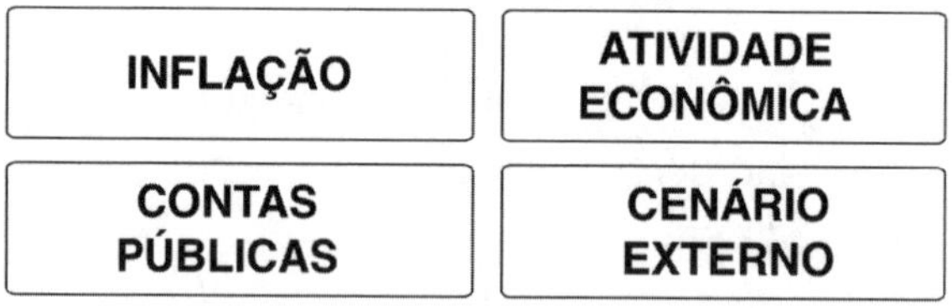

INFLAÇÃO	ATIVIDADE ECONÔMICA
CONTAS PÚBLICAS	CENÁRIO EXTERNO

As decisões do Copom acerca da taxa de juros são realizadas durante a reunião do Comitê. São realizadas oito reuniões anuais, segmentadas em dois dias, terça e quarta. Na quarta-feira anterior ao início da reunião, os membros do Comitê iniciam um silêncio relativo a qualquer tema relacionado à política monetária. No primeiro dia da reunião, são realizadas as apresentações relativas à economia brasileira e economia internacional. No segundo dia, os membros do Comitê avaliam as perspectivas da inflação e tomam a decisão sobre a meta da taxa básica de juros, a Selic. Nesse mesmo dia, com o mercado financeiro fechado, o Banco Central divulga a decisão (vide Quadro 5.4).

POLÍTICA MONETÁRIA **101**

QUADRO 5.4

COMO FUNCIONA A REUNIÃO DO COPOM	
Quarta-feira da semana anterior à reunião	• Início do silêncio do Comitê.
Terça-feira: 1º dia da reunião	• Apresentações sobre a economia brasileira e internacional.
Quarta-feira: 2º dia da reunião	• Avaliação das perspectivas da inflação, decisão acerca da taxa de juros e divulgação.

INSTRUMENTOS DE COMUNICAÇÃO DO BANCO CENTRAL DO BRASIL

Em um regime de metas para inflação, a transparência e a comunicação do banco central têm papel relevante para tornar a política monetária mais eficiente e conduzir de forma adequada as expectativas dos agentes em torno dos objetivos do banco central. Por conta disso, o Banco Central criou instrumentos de comunicação que visam cumprir esse papel. Eles são três:

1. o comunicado publicado imediatamente após a reunião;
2. a ata da reunião, publicada uma semana após a realização da mesma;
3. o Relatório Trimestral de Inflação.

Esses instrumentos visam esclarecer aos agentes econômicos a visão do Banco Central em torno do ambiente macroeconômico e quais foram os fatores condicionantes das decisões da política monetária brasileira.

No regime de metas para inflação brasileiro, utiliza-se o ano calendário para efeitos de cumprimento da meta. Isso significa que se a inflação brasileira medida pelo IPCA acumulada no ano se situar no intervalo de tolerância estabelecido para aquele período, o Banco Central terá, para todos os efeitos, cumprido a meta para inflação.

Caso a meta não seja cumprida, o Banco Central deverá publicar uma carta aberta apontando as razões que motivaram o não cumprimento da meta e as ações de política monetária para a correção desse problema.

MACROECONOMIA EMPRESARIAL

Em linhas gerais, o regime de metas para inflação brasileiro pode ser caracterizado da seguinte forma:

- Definição da meta e intervalo de tolerância: Conselho Monetário Nacional (CMN)
- Responsável pelo cumprimento da meta: Banco Central
- Índice de Preços de Referência: IPCA
- Instância de decisão de política monetária: Copom
- Instrumentos formais de comunicação da política monetária:

  - Comunicado imediatamente após a Reunião do Copom
  - Ata da reunião do Copom
  - Relatório Trimestral de Inflação.

SÍNTESE

- A política monetária tem o papel de estabilizar o ciclo econômico. Sua administração fica sob o controle do banco central.
- Os objetivos da política monetária focam-se na estabilidade da inflação, do produto (renda), da taxa de câmbio e do sistema financeiro.
- Para implementar a política monetária, os bancos centrais dispõem de três instrumentos sob seu controle: controle da taxa de juros de curto prazo via operações em mercado aberto; depósitos compulsórios e taxa de juros das operações de redesconto.
- A transmissão das decisões de política monetária até seus objetivos finais, em particular, a inflação, é dada por diferentes canais: taxa de juros, preços dos ativos, crédito, expectativas e taxa de câmbio.
- Ao longo dos últimos anos, alguns bancos centrais começaram a fazer uso de instrumentos não convencionais de política monetária. Esses instrumentos podem ser classificados em quatro grandes categorias: taxa de juros negativa, ampliação de operações de empréstimo, programas de compras de ativos e *forward guidance*.
- Desde o final dos anos 1980, vários países adotaram o regime de metas para inflação como arcabouço para a condução da política monetária por parte do banco central.

- No caso do Brasil, o regime de metas para inflação foi implementado em meados de 1999, após o colapso do regime de bandas cambiais no início daquele ano.
- O regime de metas para inflação brasileiro tem o Comitê de Política Monetária (Copom) como instância de decisão acerca da taxa de juros. Esse Comitê se reúne oito vezes por ano e define a meta da taxa básica de juros Selic.
- O Banco Central possui três instrumentos que visam melhorar sua comunicação e transparência acerca da condução da política monetária: comunicado divulgado imediatamente após a reunião do Comitê, publicação da ata da reunião do Copom e divulgação do Relatório Trimestral de Inflação.

TERMOS-CHAVE

- Objetivos da política monetária
- Instrumentos da política monetária
- Canais de transmissão da política monetária
- Política monetária não convencional
- Metas para inflação
- Comitê de Política Monetária (Copom)
- Instrumentos de comunicação do Banco Central

Questões de Revisão

1. Quais são os objetivos da política monetária? Detalhe.

2. Apresente e explique como o banco central administra a taxa de juros de curto prazo.

3. Quais os efeitos econômicos de alterações da proporção dos depósitos compulsórios sobre o total de depósitos à vista por parte do banco central?

4. O que é uma operação de redesconto? Como as alterações da taxa de juros desse tipo de operação afetam as decisões das instituições financeiras sobre empréstimos? Explique.

5. Quais são os canais de transmissão da política monetária?

6. Apresente, brevemente, as linhas gerais do regime de metas para inflação.

7. Qual índice de preços é utilizado como referência para o regime de metas para inflação brasileiro? Apresente algumas de suas principais características.

8. Qual a instância que define a meta para inflação no Brasil? Apresente brevemente como é esse processo.

9. Quais fatores econômicos o Copom considera no seu processo de decisão da política monetária?

10. Quais são os instrumentos formais de comunicação do Banco Central acerca da política monetária?

CAPÍTULO 6

POLÍTICA FISCAL

A política fiscal, em linhas gerais, pode ser definida como o conjunto de ações de um governo tomando como base seu orçamento e sua capacidade de endividamento.

Embora essa seja uma definição genérica, ela expressa o rol de possibilidades dentro das quais um governo pode agir a partir da sua realidade em termos de arrecadação de impostos e das necessidades de gastos que o mesmo deve executar para atingir finalidades específicas.

É claro que esse processo envolve, em boa parte das vezes, um conjunto de decisões pautadas por interesses de grupos que exercem ações e pressões de acordo com seus objetivos. A capacidade de um governo de manobrar em torno desse emaranhado requer uma boa dose de capacidade de negociar com esses grupos. No âmbito democrático, embora essa dinâmica pareça relativamente confusa e pouco produtiva à primeira vista, ela é salutar, uma vez que coloca em pauta as discussões em torno de projetos que realmente sejam relevantes para a sociedade. Isso permite que propostas sejam mais bem elaboradas e refinadas, o que melhora a qualidade da política fiscal exercida nesse ambiente.

Dessa forma, a temática da política fiscal se torna um ponto de convergência de interesses da sociedade, em âmbito regional e em caráter nacional. A compreensão desse tema se mostra relevante no contexto do entendimento do papel do governo na economia.

FUNÇÕES DA POLÍTICA FISCAL

Conforme apontado, a temática da política fiscal envolve os aspectos relacionados ao orçamento do governo, à sua capacidade de endividamento. Tendo por base essa conceituação, a política fiscal desempenha, simultaneamente, três funções (Quadro 6.1):

- *Alocativa*: que é a função de alocar recursos específicos da economia para determinados fins, como investimentos em infraestrutura, gastos com pesquisa e inovação etc.

- *Redistributiva*: que tem o objetivo de corrigir distorções e desigualdades de renda na economia. Para tanto, o governo estabelece programas de distribuição de renda, garantia de acesso à educação, estrutura tributária que tributa a renda progressivamente etc.

- *Estabilizadora*: que é a função relacionada com a estabilização do ciclo econômico a partir das ações fiscais. Essa função se dá através do uso de instrumentos como impostos e gastos do governo, que flutuam de acordo com o ciclo econômico.

QUADRO 6.1
FUNÇÕES DA POLÍTICA FISCAL

Funções da Política Fiscal
• Alocativa
• Distributiva
• Estabilizadora

Modernamente, o termo política fiscal é mais identificado, do ponto de vista econômico, com sua função estabilizadora.

A função estabilizadora da política fiscal é exercida através do uso dos instrumentos do governo para essa finalidade. Basicamente, um governo possui dois instrumentos em mãos para exercer a sua função estabilizadora: a definição do patamar de impostos e a determinação do nível de gastos do governo (Quadro 6.2).

QUADRO 6.2
INSTRUMENTOS DA POLÍTICA FISCAL

Instrumentos da Política Fiscal
• Impostos
• Gastos do Governo

O uso desses instrumentos, conforme descrito no capítulo 4, visa, fundamentalmente, influenciar o comportamento da demanda agregada na economia e, com isso, o nível de produto e do emprego.

Conforme apontado anteriormente, um aumento no nível de impostos na economia reduzirá a renda disponível das famílias, o que afetará diretamente seu consumo. Com isso, a demanda agregada apresentará uma retração, elevando o nível de estoque da economia. Isso levará a uma diminuição no ritmo da produção e à uma desaceleração do ritmo da inflação. O inverso ocorrerá se o governo reduzir seus impostos.

Do lado dos gastos do governo, a mecânica também afeta a demanda agregada. Se o governo aumentar seus gastos, ele estará, automaticamente, demandando mais bens e serviços da economia. O efeito disso será uma redução dos estoques, com consequente elevação do ritmo da produção e aceleração da inflação. O inverso desse fenômeno ocorrerá no caso de uma retração dos gastos do governo.

O tipo de abordagem com relação à política fiscal pode ser através de decisões específicas acerca do nível de impostos ou de gastos do governo, que pode ser definida como uma **política fiscal discricionária**. Em outras palavras, em uma abordagem dessa natureza, as decisões específicas relacionadas às ações fiscais com foco na estabilização do ciclo econômico, em termos de momento e de dimensão, são tomadas de forma discricionária pelo governo. Nessa abordagem, no caso de uma recessão, cabe ao governo decidir quando intervir, com quais instrumentos (redução de impostos e/ou aumento de gastos) e a dimensão da intervenção. No caso da expansão, também cabe ao governo decidir acerca do uso dos instrumentos, do momento do ajuste e da dimensão do mesmo.

Outro tipo de abordagem remete à existência de dispositivos que tornam a reação dos instrumentos de política fiscal automática, dependendo do crescimento econômico e da inflação. Esse tipo de abordagem remete a uma política fiscal com **estabilizadores automáticos**, o que torna o caráter da política fiscal automaticamente expansionista em caso de uma recessão e assume o sentido contracionista no caso da expansão econômica. Um exemplo desse tipo de política fiscal recai sobre uma economia em que a arrecadação de impostos seja centrada em imposto sobre a renda e tenha uma rede de cobertura social para desempregados. Nesse tipo de economia, o crescimento econômico será acompanhado pelo aumento da arrecadação de impostos (uma vez que os mesmos incidem sobre a renda) e redução de transferências às famílias, dado que, no cenário de crescimento econômico, o desemprego cairá e, com isso, os gastos com auxílio desemprego também cairão. Se uma recessão for registrada nessa economia, a arrecadação de impostos cairá em função da retração da renda e as transferências para as famílias aumentarão, ante o crescimento do desemprego.

POLÍTICA FISCAL E CICLOS ECONÔMICOS

Do ponto de vista histórico, o uso da política fiscal para estabilizar o ciclo econômico, atenuando recessões e assumindo um caráter contracionista em ciclos de expansão, é algo relativamente recente.

No século XIX e início do século passado, o papel central dos governos era voltado para garantir a lei e a ordem, segurança, prover educação e investir em infraestrutura. Em outras palavras, o papel do governo resumia-se, do ponto de vista fiscal, a cumprir a função alocativa.

Essa forma de atuação se alinhava à visão econômica da época, que é conhecida como economia clássica. Para os clássicos, os agentes econômicos agindo racionalmente, tendo por base seus interesses individuais, em um contexto de livre mercado, atingiriam o máximo do bem-estar econômico possível. Nessa visão liberal, ações do governo na economia (que não aquelas descritas anteriormente), gerariam distorções à ineficiência alocativa. No mundo clássico, as economias sempre estariam operando no pleno emprego e eventuais desvios em relação a esse ponto seriam temporários e breves.

A Grande Depressão norte-americana nos anos 1930 mudou radicalmente essa visão. A queda da bolsa americana em outubro de 1929 foi o marco inicial da mais severa recessão que os Estados Unidos enfrentaram até então. Entre 1930 e 1932, cerca de um terço do PIB norte-americano desapareceu e a taxa de desemprego atingiu picos superiores a 20%. A economia norte-americana começou a se recuperar lentamente apenas na segunda metade daquela década. A dimensão desse evento, dado o peso da economia americana no cenário mundial, assumiu um caráter global e outras nações ao redor do mundo também passaram a experienciar um ciclo recessivo.

A profunda e prolongada recessão experimentada naquele período colocou em xeque a visão econômica vigente, em que as economias operariam predominantemente no pleno emprego. A lógica de que a dinâmica dos mercados garantiria, por si só, que eventuais recessões seriam breves passou a ser amplamente questionada.

A resposta do mundo acadêmico a essa nova realidade foi dada por John Maynard Keynes, economista de Cambridge, que, em 1936, publicou seu livro, *Teoria Geral do Emprego, do Juro e da Moeda*. Keynes apontou para os efeitos de eventuais situações em que os mercados não se equilibrassem automaticamente, com particular ênfase para o mercado de trabalho. A rigidez de salários, que se tornou uma realidade cada vez mais patente nas economias capitalistas no final do século XIX e nas primeiras décadas do século seguinte, colocou limites ao processo de autoajuste dos mercados. Em outras palavras, um aumento do desemprego decorrente de uma recessão não teria como contrapartida uma queda automática dos salários, levando a economia automaticamente de volta ao pleno emprego. Com isso, o desemprego involuntário, formado a partir da redução da produção e da renda não seria eliminado rapidamente.

Esse quadro poderia gerar um quadro crônico, em que a retração da produção e da renda, com consequente queda do emprego, levaria a uma retração do consumo das famílias e da demanda por investimentos (uma vez que as empresas enfrentariam uma capacidade ociosa crescente), levando a um aumento dos estoques na economia, o que retroalimentaria a queda na produção e o aprofundamento da recessão. O fim desse ciclo só se daria através de uma queda muito acentuada da renda e após um longo período de tempo, levando a custos sociais intoleráveis.

A solução keynesiana para romper com essa espiral recessiva residia na ruptura do ciclo através de estímulos à demanda agregada. Nesse sentido, cumpre notar que a demanda do setor privado, em um contexto recessivo, encontra-se em retração, com famílias diminuindo seu consumo e empresas reduzindo sua demanda por investimentos. Dessa forma, a inversão no sentido da demanda agregada teria que ser dada por um agente não privado na economia, que é o governo.

O keynesianismo introduziu o governo, através da política fiscal, como um agente econômico com papel relevante na estabilização dos ciclos econômicos. Suas ideias ganharam força nos Estados Unidos e em alguns países europeus nas décadas seguintes. Apesar disso, o ativismo da política fiscal como estratégia de estabilização do ciclo econômico não formou um consenso entre os economistas ao longo do tempo.

Nos anos 1970, o ativismo da política fiscal no seu papel estabilizador foi amplamente questionado após os choques do petróleo. Naquela década e nas décadas seguintes, esse tipo de estratégia passou a ser amplamente questionado no âmbito teórico. Nos anos 2000, formou-se uma espécie de consenso que colocou ênfase nos estabilizadores automáticos da política fiscal, presentes no orçamento público, deixando de lado o ativismo fiscal.

A crise de 2008 mudou essa percepção e recolocou no centro das atenções a necessidade de políticas mais ativas do ponto de vista fiscal. Isso foi decorrência do fato de que a política monetária naquele período, ao atingir o patamar de juros zero em várias economias, esgotara sua capacidade de estimular a demanda agregada. Nessa circunstância, restou ao governo atuar com estímulos à demanda agregada para evitar o aprofundamento da recessão.

As ações fiscais adotadas na sequência do agravamento da crise de 2008 evitaram o pior em termos de queda do produto, da renda e do desemprego. No entanto, deixaram sequelas desagradáveis em várias economias, particularmente naquelas que vivenciavam um quadro fiscal relativamente delicado antes da crise e que registravam *deficit* público já elevado. Sob essa perspectiva, os efeitos da crise levaram a uma deterioração fiscal ainda mais acentuada nessas economias, que passaram a enfrentar o problema do excesso de endividamento público. Em 2010, países como Grécia e Irlanda começaram a enfrentar problemas quanto ao financiamento do seu *deficit* junto aos mercados ante as preocupações relativas acerca da solvência da dívida pública. Esse tipo de preocupação se estendeu, na sequência, a outros países que apresentavam elevado patamar de endividamento em um quadro de situação fiscal precária. No rol desses países, passaram a figurar Portugal, Espanha e Itália. A problemática vivenciada por essas economias no início da década passada reacendeu o debate acerca da efetividade de uma política fiscal expansionista em um contexto de alto endividamento público.

Os efeitos econômicos decorrentes da pandemia de 2020 trouxeram à tona novamente a necessidade de os governos agirem com ações fiscais expansionistas. Em um contexto em que as principais economias do mundo já apresentavam um quadro de desaceleração do crescimento em um ambiente de juros baixos, a imposição do isolamento social para tentar conter a velocidade de contágio teve como contrapartida uma brutal retração da demanda do setor privado. A reação dos governos ao redor do mundo se deu através de política fiscal expansionista, aumentando despesas com saúde, para lidar com os efeitos diretos da pandemia, e gastos do governo para lidar com os efeitos da retração da demanda agregada.

Fatalmente, a crise econômica decorrente da pandemia colocará mais uma vez a questão da política fiscal e do endividamento público no topo das questões econômicas ao redor do mundo.

INDICADORES FISCAIS

Os indicadores fiscais têm como objetivo permitir o acompanhamento da evolução das contas públicas de um país. A análise do desempenho fiscal de um país ao longo do tempo é fundamental para avaliar questões macroeconômicas mais amplas, como sustentabilidade da dívida pública, inflação etc. Nesse sentido, um governo que apresente um elevado grau de endividamento e apresente sucessivos *deficit* terá muito menos fôlego para proporcionar estímulos fiscais na demanda agregada para enfrentar uma recessão do que um governo que tenha suas contas ajustadas e menor grau de endividamento.

O conceito de indicadores fiscais incorpora tanto os indicadores relacionados a fluxo, como receita e gasto do governo, como indicadores relacionados a estoques, como dívida pública interna e dívida pública externa.

Apesar desses indicadores serem relativamente simples à primeira vista, existe uma série de nuances conceituais e técnicas relevantes cuja compreensão se mostra fundamental no âmbito da discussão das contas do governo. As próximas seções visam explorar de forma abrangente esses conceitos com foco nas contas públicas brasileiras.

CONCEITOS BÁSICOS

Os conceitos básicos de contas públicas incorporam as diferentes formas de apuração dos resultados fiscais. Cada uma dessas formas se mostra importante dependendo do foco desejado para a análise e estudo.

Critério de Abrangência

Para efeitos de cálculo do resultado fiscal do setor público, o conceito no caso brasileiro abrange o setor público não financeiro mais o Banco Central do Brasil. O setor público não financeiro incorpora as três esferas de governo (União, estados e municípios), as empresas estatais (federais, estaduais e municipais) e o Instituto Nacional do Seguro Social (INSS).

A partir dessa definição, para efeitos de indicadores fiscais, o setor público brasileiro pode ser segmentado em três blocos:

1. **Governo central:** esse critério incorpora os resultados da administração federal como um todo, englobando o resultado do Tesouro Nacional (que incorpora o resultado da previdência dos servidores

públicos federais), do Banco Central do Brasil e o INSS, que representa o sistema público de previdência para o setor privado.

2. **Governos regionais:** incorpora as administrações dos estados e dos municípios.

3. **Empresas estatais:** abrange as empresas estatais nas três esferas de governo.

Resultado Nominal, Operacional e Primário

Em termos de contas públicas, o conceito fiscal mais amplo é o resultado nominal, pois ele incorpora a diferença entre o fluxo agregado de receitas totais e despesas totais do governo para um determinado período de tempo. Nesses fluxos estão incluídas as receitas financeiras e as despesas com juros da dívida pública. O resultado dessa diferença corresponde à Necessidade de Financiamento do Setor Público (NFSP).

O resultado operacional do setor público pode ser obtido excluindo-se do resultado nominal a parcela correspondente à atualização monetária da dívida pública. Em países com inflação alta, esse resultado se mostra relevante para efeitos de acompanhamento das contas públicas, uma vez que esse conceito elimina o efeito inflacionário sobre a NFSP.

Ao se excluir a parcela dos juros nominais (que incorpora os juros reais mais a atualização monetária) do resultado nominal, obtém-se o resultado primário do setor público. Esse resultado reflete o esforço fiscal do governo livre das despesas de juros e depende essencialmente da arrecadação de impostos e contribuições e das despesas do governo. Se ele for positivo, considera-se que o governo teve um *superavit* primário e, se ele for negativo, considera-se que o governo teve um *déficit* primário.

Note-se que é perfeitamente possível um governo ter *superavit* primário e um *déficit* nominal. Isso ocorrerá caso as despesas de juros se mostrarem superiores ao resultado primário obtido. Um bom exemplo desse fenômeno pode ser visto na evolução das contas públicas brasileiras, que há mais de uma década registra *superavit* primário sucessivo e deficitário nominal.

Critério Receitas Menos Despesas ("Acima da Linha") ou Endividamento ("Abaixo da Linha")

Um dos métodos de cálculo do resultado fiscal do setor público é através da diferença entre receitas e despesas, também conhecido como "acima da linha".

Esse método permite uma melhor avaliação da execução orçamentária dos fluxos em termos de ingressos e saídas de recursos para fins gerenciais do governo, pois exibe de forma clara o que está ocorrendo tanto de lado das receitas quanto do lado das despesas. Essa visibilidade permite que o governo atue gerencialmente sobre suas contas, uma vez que permite ao mesmo visualizar o que está ocorrendo do lado da arrecadação e do lado dos gastos do governo. A diferença entre receitas e despesas gera o resultado primário "acima da linha", que pode ser um *superavit*, caso seja positivo, ou um *deficit*, caso seja negativo.

O outro método de cálculo do resultado das contas públicas considera a variação na dívida pública. Esse método é mais conhecido como "abaixo da linha" e considera a variação total da dívida pública no período. Em outras palavras, esse método leva em consideração o endividamento do setor público ao longo do tempo. Isso permite mensurar de forma clara a NFSP do setor público período a período, bem como as fontes de financiamento utilizadas. O resultado nominal do setor público corresponde à variação total da dívida fiscal líquida em um determinado período de tempo. Excluindo-se os encargos financeiros líquidos sobre o resultado dessa variação, obtém-se o resultado primário do setor público pelo critério "abaixo da linha". O resultado primário do setor público, em princípio, deve ter o mesmo valor independentemente do critério utilizado. No entanto, é possível a ocorrência de discrepâncias estatísticas que pode gerar desvios pontuais nos resultados apurados pelos dois critérios.

Regime de Caixa e Regime de Competência

Do ponto de vista fiscal, as receitas e a despesas do governo podem ser apuradas pelo regime de caixa ou regime de competência.

A contabilização do regime de caixa se dá através do recebimento ou desembolso no período em que estes de fato ocorrem. Pelo regime de competência, a contabilização é feita no momento em que o fato gerador da receita ou da despesa ocorre.

Um bom exemplo dessas diferenças se dá através do pagamento dos salários dos servidores públicos. Os salários dos funcionários referentes a março de um determinado ano são pagos em abril desse mesmo ano. Se o critério considerado for o regime de competência, esse pagamento sensibilizará o resultado de março. Se o critério utilizado foi o regime de caixa, o pagamento dos salários sensibilizará o resultado de abril.

No caso brasileiro, utiliza-se o regime de caixa para efeitos do cálculo do resultado primário do governo central e do setor público. Por sua vez, as despesas financeiras líquidas do setor público calculadas pelo Banco Central são apuradas pelo regime de competência.

Dívida Pública

A dívida pública representa o estoque de dívida do governo junto aos demais agentes econômicos. Sua formação tem como origem o *deficit* nominal ocorrido em períodos anteriores e que foi financiado por algum instrumento. Embora de fácil compreensão, a dívida pública compreende diferentes conceitos.

O primeiro deles é o da Dívida Bruta do Governo Geral (DBGG), que incorpora o estoque total da dívida sob a responsabilidade das três esferas de governo (federal + estadual + municipal) frente ao setor privado, ao setor público financeiro, ao Banco Central e ao resto do mundo.

A partir desse conceito, pode se obter a Dívida Líquida do Governo Geral (DLGG), que incorpora o endividamento líquido (balanço de débitos e créditos) do governo federal (incluindo previdência social) dos governos estaduais e municipais junto ao sistema financeiro público e privado, setor privado não financeiro e resto do mundo.

Por sua vez, a Dívida Líquida do Setor Público (DLSP) corresponde ao balanceamento entre dívidas e créditos do setor público não financeiro e do Banco Central.

Deficit Público e Financiamento

Quando um governo registra uma necessidade de financiamento positiva (ou seja, um *deficit* nominal), ele deve financiá-lo de alguma forma. No caso brasileiro, o governo pode financiar seu *deficit* de três formas distintas:

1. do ponto de vista doméstico, via aumento da dívida mobiliária ou bancária;
2. do ponto de vista externo, via emissões de títulos da dívida externa ou empréstimos internacionais; e
3. através da redução dos seus ativos.

A Secretaria do Tesouro Nacional (STN) tem a responsabilidade pela dívida pública brasileira federal interna e externa. Essa secretaria, de acordo com a política fiscal do governo, administra as emissões e os resgates dos títulos públicos federais e determina a estratégia de gestão da dívida pública. No contexto dessa estratégia, a STN procura minimizar os custos envolvidos em termos de juros gerados a partir do processo da venda de títulos públicos. Anualmente, a STN publica o Plano Anual de Financiamento (PAF), onde são apresentadas as metas e os cenários envolvidos no contexto da priorização da gestão da dívida pública. O Banco Central é o agente financeiro da STN e é o responsável pelos leilões de compra e de venda dos títulos públicos federais no Brasil.

É importante ressaltar nesse contexto que a gestão da dívida pública brasileira está a cargo do Tesouro Nacional, sendo o Banco Central apenas seu agente nesse processo. A estratégia subjacente a essa gestão tem como pano de fundo a política fiscal determinada pelo governo.

Nesse sentido, os títulos públicos emitidos pela STN têm duas finalidades básicas: financiar o *deficit* orçamentário, o que inclui o refinanciamento da dívida pública, e realizar operações específicas definidas em lei.

O Banco Central também compra e vende títulos públicos federais com foco em administrar a liquidez do sistema financeiro e influenciar a taxa de juros de curto prazo, a Selic. Esse processo, no entanto, ocorre com títulos públicos que já foram previamente emitidos pelo Tesouro Nacional, ou seja, são transações que ocorrem no mercado secundário de títulos públicos.

Em termos operacionais, a STN emite títulos públicos de três formas distintas:

1. **Emissões diretas:** são emissões sem a realização de oferta pública e são destinadas a atender finalidades específicas definidas em lei, como crédito rural, securitização de dívidas da União etc.

2. **Ofertas públicas (leilões)**: nessa modalidade participam apenas as instituições financeiras.

3. **Vendas a pessoas físicas:** nessa modalidade, as pessoas físicas podem adquirir títulos diretamente através do Tesouro Direto.

A maior parte dos novos títulos vendidos pelo Tesouro Nacional com vistas a financiar o *deficit* público ocorre mediante a oferta pública (leilões). Esses leilões são divulgados por meio de portaria do Tesouro Nacional, com participação das instituições financeiras, e ocorrem apenas de forma eletrônica. As características de cada leilão são informadas ao mercado por portarias do Tesouro Nacional e comunicados do Banco Central.

POLÍTICA FISCAL BRASILEIRA
ANTECEDENTES

A política fiscal brasileira, em raros momentos, guardou relação em termos de forma de atuação nos moldes de uma política econômica orientada para lidar com ciclos econômicos. Após o colapso da economia cafeeira no final dos anos 1920, a economia brasileira vivenciou o processo de industrialização, que se iniciou nos anos 1930 e se estendeu até o fim da década de 1970. Durante esse período, o Estado brasileiro agia como um agente indutor do crescimento econômico, através de subsídios, incentivos fiscais e investimentos em setores da infraestrutura e indústria de base. Esse tipo de ação foi suportado, do ponto de vista teórico, pela corrente de pensamento desenvolvimentista, que predominou no pensamento econômico brasileiro ao longo desse período.

O esgotamento do modelo de crescimento via industrialização por substituição de importações coincidiu com o descontrole inflacionário na década de 1980. As tentativas frustradas de estabilização da inflação em patamar baixo sempre esbarraram na ausência de um ajuste fiscal mais efetivo, como um fundamento que garantisse o sucesso desses planos no longo prazo.

Apenas em 1994, a partir da implementação do Real, a questão da necessidade de um ajuste fiscal como uma âncora para a estabilização no longo prazo foi, de fato, colocada em pauta. Mesmo assim, nos primeiros anos de vida do Real, o governo careceu de um ajuste efetivo das suas contas. Entre 1995 e 1998, o resultado primário do setor público oscilava em torno de zero. Esse resultado, considerando as despesas de juros da dívida pública, levaram a *déficit* nominal expressivo no período, impactando sobre o crescimento da dívida pública.

Somente em 1999, após a crise cambial que levou ao colapso do sistema de bandas cambiais que vigorou entre 1995 e 1998 e já tendo estabelecido um acordo com o Fundo Monetário Internacional (FMI), o governo Fernando Henrique Cardoso (FHC) conseguiu implementar um ajuste fiscal mais efetivo. Note-se que o ajuste fiscal promovido durante o segundo mandato de FHC foi centrado, primordialmente, no aumento de impostos, tendo pouca ou nenhuma ênfase em corte de gastos públicos. Esse fenômeno pode ser observado no Gráfico 6.1.

GRÁFICO 6.1
EVOLUÇÃO DA CARGA TRIBUTÁRIA BRASILEIRA (% DO PIB)

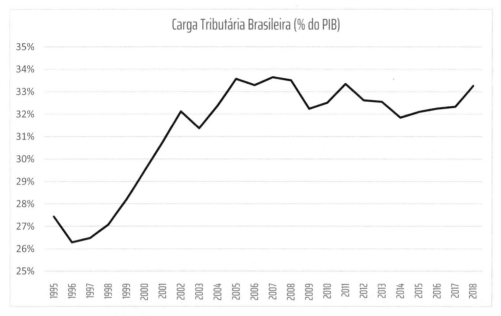

FONTE: IBGE. ELABORAÇÃO PRÓPRIA.

O governo Lula manteve esses pilares de ajuste fiscal durante o primeiro mandato, de 2003 a 2006. Esse quadro começou a mudar ao longo do seu segundo mandato, evidenciado pela paulatina queda do *superavit* primário ao longo desse período (2007-2010). Isso pode ser evidenciado no Gráfico 6.2.

GRÁFICO 6.2
EVOLUÇÃO DO RESULTADO PRIMÁRIO DO SETOR PÚBLICO: FLUXO ACUMULADO EM 12 MESES (% DO PIB)

FONTE: BANCO CENTRAL DO BRASIL. ELABORAÇÃO PRÓPRIA.

GRÁFICO 6.3
EVOLUÇÃO DA DÍVIDA BRUTA DO GOVERNO GERAL (% DO PIB)

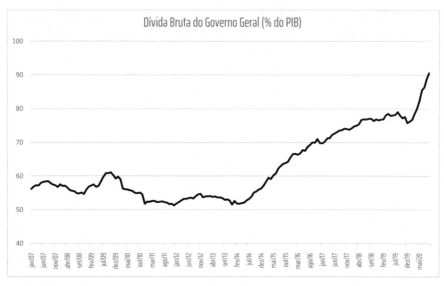

FONTE: BANCO CENTRAL DO BRASIL. ELABORAÇÃO PRÓPRIA.

O primeiro mandato da presidente Dilma (2011-2014) foi marcado pela continuidade da deterioração do resultado das contas públicas do governo. A aceleração dos gastos públicos se deu em um contexto de tentativa de reedição da experiência desenvolvimentista. Em um contexto de impossibilidade de novas elevações de tributos, isso levou a uma profunda crise fiscal, que esteve no cerne do ciclo recessivo de 2014-2016. O efeito conjugado desses elementos levou a uma brutal aceleração do endividamento público e à necessidade de um ajuste fiscal (vide Gráfico 6.3).

EVOLUÇÃO RECENTE E PERSPECTIVAS

A partir de 2016, o governo procurou avançar em torno de um processo de ajuste das suas contas, de tal forma a restabelecer o equilíbrio do ponto de vista orçamentário e evitar uma trajetória insustentável de endividamento público.

Um marco nessa direção foi dado pela criação do teto do crescimento para as despesas primárias da União, que se deu através da aprovação da Emenda Constitucional nº 95/2016. Esse dispositivo representou um importante marco institucional na questão fiscal brasileira, ao impor limites à expansão dos gastos públicos, permitindo sua correção anual apenas pela inflação. Ao atingir esse teto, uma série de gatilhos que limitam as despesas do governo são acionados, tais como a proibição da realização de concursos públicos, de novas contratações e do aumento de salários de servidores.

Esse dispositivo permite a criação das bases de um ajuste fiscal que não seja centrado puramente no aumento da carga de impostos. Ao mesmo tempo, o teto dos gastos impõe a necessidade de aumento da eficiência do setor público. Isso decorre do fato de que a necessidade de o governo oferecer mais e melhores serviços públicos ao país, ante a limitação das despesas, só pode ser equacionada através do aumento da produtividade da máquina pública. Por fim, o limite dos gastos abriu o debate envolvendo o governo, o Congresso e a sociedade em geral em torno de quais devem ser as prioridades em termos de ação do governo para a alocação dos recursos.

Essa reflexão torna óbvio que a imposição do teto dos gastos públicos a partir de 2017 (e com validade de 20 anos) não seria, por si só, suficiente para garantir o ajuste das contas públicas no longo prazo. Por conta disso, a agenda reformista do governo Bolsonaro, a partir de 2019, apontou em três eixos essenciais: reforma previdenciária, reforma administrativa e reforma tributária.

A rápida deterioração das contas do sistema previdenciário e a perspectiva de piora acelerada colocou como prioridade a reforma previdenciária, que foi levada a cabo em 2019, através da Emenda Constitucional nº 103/2019. Ainda que essa reforma não tenha eliminado inteiramente o *deficit* do sistema, pelo menos lançou as bases para evitar uma piora acelerada das contas do sistema ao permitir uma economia prevista da ordem de R$855 bilhões em dez anos.

A pandemia de 2020 colocou em segundo plano a agenda de reformas para o governo federal. Os aumentos de gastos públicos nesse ano foram decorrência das necessidades de lidar com os efeitos diretos e indiretos da pandemia sobre a sociedade e a economia brasileira. Por conta disso, o *deficit* público aumentou enormemente e a dívida pública apresentou crescimento expressivo.

De qualquer forma, o equacionamento da questão fiscal brasileira permanece como um ponto essencial para a retomada dos investimentos em diversos níveis e para que o crescimento econômico brasileiro ocorra em bases mais elevadas e de maneira sustentável.

SÍNTESE

- A política fiscal tem três funções: alocativa, redistributiva e estabilizadora. Atualmente, a política fiscal é mais identificada com sua função estabilizadora.

- Os instrumentos clássicos da política fiscal são os impostos, que afetam a renda disponível e, por sua vez, o consumo das famílias, e os gastos do governo.

- A política fiscal pode ter uma abordagem discricionária, em que o governo decide quando e em qual sentido atuar com os instrumentos fiscais. Outro tipo de abordagem envolve uma natureza da política fiscal que disponha de dispositivos automáticos que reajam em termos fiscais dependendo do quadro do crescimento econômico e da inflação.

- A lógica de uma política fiscal orientada para influenciar os ciclos econômicos nasceu a partir da Grande Depressão nos EUA nos anos 1930 e do surgimento do keynesianismo. No entanto, a visão de uma política fiscal orientada para influenciar ciclos mudou ao longo do tempo, mas voltou a ganhar força a partir da crise financeira de 2008 e da pandemia de 2020.

- Os indicadores fiscais refletem o quadro das contas públicas de uma economia. Existem várias nuances técnicas e conceitos que se mostram relevantes no contexto desses indicadores.

- O financiamento do *deficit* público ocorre através da emissão de títulos públicos que, no caso brasileiro, são emitidos pela Secretaria do Tesouro Nacional (STN).

- Ao longo do processo de industrialização brasileira, que se encerrou em fins dos anos 1970, as diretrizes fiscais brasileiras eram orientadas no sentido de atuar na estratégia desenvolvimentista. Isso implicava em um Estado que realizava investimentos em áreas essenciais para dar continuidade a esse processo ou promover incentivos e subsídios ao setor industrial.

- A queda da inflação e sua manutenção em patamar baixo a partir do Plano Real, em 1994, colocaram a necessidade de um ajuste das contas públicas brasileiras como forma de garantir a estabilidade no longo prazo. Esse ajuste foi realizado, desde fins dos anos 1990, via aumento da carga tributária.

- O paulatino descontrole dos gastos públicos entre meados dos anos 2000 e 2015 levou a uma profunda crise fiscal, que teve impactos sobre a dívida pública brasileira.

- Apesar da reforma previdenciária de 2019, a necessidade de um ajuste fiscal no Brasil ainda se encontra na agenda do dia.

TERMOS-CHAVE

- Funções da política fiscal
- Instrumentos da política fiscal
- Resultado nominal
- Resultado primário
- Dívida pública
- Títulos públicos
- Política fiscal brasileira

Questões de Revisão

1. Quais são as funções da política fiscal? Explique brevemente cada uma delas.

2. O que é uma abordagem discricionária da política fiscal? Como ela se contrapõe à abordagem de uma política fiscal que possui estabilizadores automáticos?

3. Qual o papel da política fiscal no contexto dos ciclos econômicos?

4. Qual a definição de resultado primário do setor público? Qual a definição de resultado nominal do setor público?

5. No critério de abrangência, o que incorpora o setor público não financeiro brasileiro?

6. Explique o conceito de "acima da linha" e "abaixo da linha" das contas públicas.

7. Quais são as três formas operacionais que a Secretaria do Tesouro Nacional (STN) tem para emitir títulos públicos?

8. Qual a forma mais usual do governo financiar seu *deficit*? Explique.

9. Como o Brasil promoveu um ajuste fiscal no final dos anos 1990? Explique.

10. Desde 2015, o setor público passou a apresentar um *deficit* primário considerável. Quais os impactos disso sobre a dívida pública brasileira?

CAPÍTULO 7

POLÍTICA CAMBIAL

A o longo das últimas décadas, as economias se integraram cada vez mais, tanto do ponto de vista comercial quanto do financeiro. Desde o fim da Segunda Guerra Mundial, as regras do comércio internacional foram gradativamente aperfeiçoadas e refinadas. Isso se deu no contexto das rodadas do GATT (*General Agreement on Tariffs and Trade*), cujo passo final se deu através da criação da Organização Mundial do Comércio (OMC), em um contexto em que as regras do comércio internacional já estavam consolidadas o suficiente para a criação de um organismo dessa natureza.

Do lado financeiro, os movimentos de capitais foram relativamente restritos por décadas. O colapso do arranjo monetário do pós-Guerra, com o fim do Acordo de Bretton Woods no início da década de 1970, lançou as bases para mudanças nesse quadro. O surgimento de diferentes regimes cambiais e a crescente mobilidade de capitais nos anos seguintes mudou radicalmente o cenário. A década de 1990 foi marcada pela maior abertura da conta capital em vários países, em um crescente movimento de globalização. Essa realidade também foi observada na América Latina, após o acordo que consolidou a renegociação da dívida externa de vários países da região.

O Brasil se inseriu nesse processo, regressando ao mercado de capitais internacionais após ter renegociado sua dívida externa no início da década de 1990 com o Plano Brady. Os ingressos de capitais foram muito importantes naquele período, sendo fundamentais para consolidar a estratégia de estabilização da inflação em patamar baixo no âmbito do Plano Real, em 1994. Os influxos de capitais externos na economia brasileira nos primeiros anos do Real foram essenciais para a manutenção do regime cambial à época, baseado nas bandas cambiais. Nesse regime, o Real apresentava uma flutuação muito estreita em relação ao dólar norte-americano, sendo desvalorizado lentamente ao longo do tempo. A manutenção da estratégia baseada em uma âncora cambial foi essencial para o sucesso do Real e para os avanços na desindexação de preços da economia brasileira.

No entanto, a abertura da conta capital nas últimas décadas trouxe consigo elementos potencialmente desestabilizadores para as economias. A velocidade e a intensidade com que os capitais se deslocam de um país para outro pode levar a flutuações cambiais intensas em regimes de câmbio flutuante ou de expressivas variações do nível de reservas internacionais de um país que opera em um contexto de regime de taxa de câmbio fixa.

Essa problemática foi percebida já nos anos 1990, com a Crise do México em 1994, que foi forçado a deixar o peso flutuar ante o esgotamento de suas reservas em moeda estrangeira. Em 1997, na chamada Crise da Ásia, vários países do sudeste asiático também enfrentaram problemas similares após sofrerem ataques especulativos. Fenômeno relativamente similar ocorreu na Rússia em 1998, o que gerou um efeito contágio em outras economias emergentes.

No bojo dessas crises, o Brasil sofreu um ataque especulativo no segundo semestre de 1998, sendo forçado a abandonar o regime de bandas cambiais no início do ano seguinte em face do virtual esgotamento de suas reservas internacionais. Isso levou à adoção de um regime de taxa de câmbio flutuante no início de 1999, sendo a política monetária conduzida no âmbito do regime de metas para inflação. A transição do regime de bandas cambiais para o de taxa de câmbio flutuante é ilustrada no Gráfico 7.1.

Como resultado desse processo de integração e da ausência de uma arquitetura financeira global como a de Bretton Woods, uma pluralidade de regimes cambiais distintos surgiu nas últimas décadas. Cada regime passou a ser adotado de acordo com a conveniência ou necessidade de cada país frente à realidade do setor externo com o qual sua economia se defronta.

A taxa de câmbio tem efeitos econômicos que transcendem aqueles apontados no capítulo 4, referentes aos seus impactos sobre exportações e importações e sobre o ciclo econômico. A China, por exemplo, manteve sua moeda desvalorizada desde os anos 1990, utilizando isso como um instrumento de penetração de mercado dos seus produtos industrializados. Os efeitos dessa política levaram à desindustrialização em várias economias. Nos EUA, vários setores industriais foram fechados por conta a invasão de produtos chineses. Esse fenômeno tem elevado a tensão entre os dois países nos últimos anos.

GRÁFICO 7.1
EVOLUÇÃO DA TAXA DE CÂMBIO BRASILEIRA – R$/US$ (MÉDIA MENSAL)

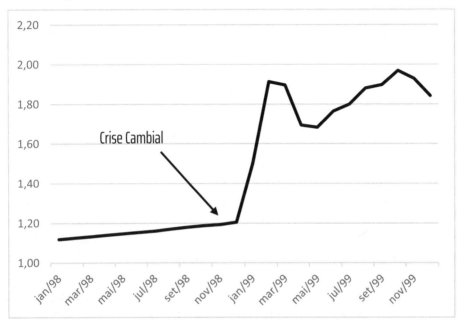

FONTE: BANCO CENTRAL DO BRASIL. ELABORAÇÃO PRÓPRIA.

Esse fenômeno também foi observado em alguma medida na economia brasileira, particularmente no período entre meados dos anos 2000 e início da década passada, quando a moeda brasileira ficou muito valorizada frente às demais moedas.

Por conta disso, este capítulo abordará alguns aspectos e conceitos fundamentais relacionados à taxa de câmbio e às contas externas. Na sequência, o capítulo abordará como essa taxa é formada e quais os fatores econômicos que influenciam seu comportamento. Por fim, será discutida a política cambial brasileira e seus principais desafios.

TAXA DE CÂMBIO
TAXA DE CÂMBIO NOMINAL

A taxa de câmbio pode ser definida, grosso modo, como uma relação entre duas moedas. Como exemplo disso, temos dólares norte-americanos por euro (US$/€), ienes por reais brasileiros (¥/R$) etc. No caso brasileiro, a taxa de câm-

126 MACROECONOMIA EMPRESARIAL

bio referência é dada pela relação da nossa moeda, o real, com o dólar norte-americano (R$/US$). Isso decorre do fato de que as operações de comércio exterior e financeiras com o resto do mundo são liquidadas nessa moeda.

Apesar do surgimento de outras moedas que possuem uma expressiva zona monetária, como é o caso do euro, ou da crescente importância de outras economias no mundo, como é o caso da China, o dólar norte-americano ainda guarda sua importância por ser uma moeda amplamente aceita no contexto da economia global. Por conta disso, os bancos centrais ao redor do mundo, inclusive do Brasil, guardam reservas em dólares.

A relação entre duas moedas, expressa pela taxa de câmbio, reflete o número de unidades de uma moeda necessário para adquirir uma outra moeda. Essa relação pode ser expressa de duas maneiras distintas: relacionando o número de unidades da moeda doméstica necessário para comprar uma unidade da moeda estrangeira e relacionando a quantidade de moeda estrangeira que uma unidade da moeda doméstica pode adquirir. No caso brasileiro, a convenção recai sobre a primeira forma, uma vez que a taxa de câmbio é usualmente expressa na quantidade de reais necessária para adquirir um dólar norte-americano. Por exemplo, se a cotação estiver em R$/US$5, são necessários cinco reais para comprar um dólar. Se essa relação fosse representada pela segunda forma, no nosso exemplo, um real pode adquirir vinte centavos de dólar (US$/R$0,20).

A taxa de câmbio pode variar ao longo do tempo, o que significa que a quantidade de moeda necessária para adquirir a moeda de outro país pode variar ao longo do tempo. No caso brasileiro, isso significa que a cotação do dólar pode subir ou descer, conforme as condições do mercado de câmbio.

Se mais unidades da moeda doméstica são necessárias para adquirir uma unidade de moeda estrangeira em um regime de taxa de câmbio flutuante, é dito que essa moeda sofreu uma depreciação em relação à moeda estrangeira. Dessa forma, como o regime cambial brasileiro é de taxa de câmbio flutuante, se a cotação do dólar passar de R$5,00 para R$5,50, pode-se afirmar que a moeda brasileira registrou uma depreciação em relação ao dólar norte-americano.

Alternativamente, se menos unidades da moeda doméstica são necessárias para adquirir uma unidade da moeda estrangeira, pode-se afirmar que essa moeda registrou uma apreciação em relação à moeda do outro país. Assim, se a cotação do dólar cair de R$6,00 para R$5,50, podemos afirmar que houve uma apreciação da moeda brasileira em relação ao dólar norte-americano. Esses efeitos são sintetizados na Figura 7.1.

FIGURA 7.1
VARIAÇÃO DA TAXA DE CÂMBIO

Aumento da Cotação do Dólar	=	Depreciação (Desvalorização) do Real Frente ao Dólar

Queda da Cotação do Dólar	=	Apreciação (Valorização) do Real Frente ao Dólar

Apesar dessa característica técnica, é mais comum observar que a mídia se refere a esses movimentos da taxa de câmbio como desvalorização e valorização, que guardam o mesmo sentido descrito nos parágrafos anteriores. No entanto, do ponto de vista da Economia, esses termos são reservados a mudanças promovidas pelo governo em regime de taxa de câmbio fixa. Em outras palavras, quem valoriza ou desvaloriza uma moeda em relação a outra é o governo, no contexto de um regime de taxa de câmbio fixa. No âmbito de um regime de taxa de câmbio flutuante, quem aprecia ou deprecia a moeda em relação à moeda estrangeira é o mercado através da oferta e demanda de moeda estrangeira.

Conforme mencionado anteriormente, a taxa de câmbio representa uma relação entre duas moedas. Ela indica o volume de moeda doméstica necessário para adquirir uma unidade de moeda estrangeira ou, alternativamente, o volume de moeda estrangeira que uma unidade de moeda doméstica pode adquirir.

A partir dessa relação, é possível converter o preço de produtos produzidos no exterior na moeda doméstica. Dessa forma, se uma calça vendida nos Estados Unidos custa US$50,00 e a cotação do dólar estiver em R$/US$5,00, o preço dessa calça convertido em reais será de R$250,00.

Essa relação também permite estabelecer o preço de bens produzidos domesticamente em moeda estrangeira. Assim, se uma camiseta custa R$50,00 no Brasil e a cotação do dólar for a mesma do parágrafo anterior, o preço dela convertido para a moeda norte-americana será de US$10,00.

Note-se que variações na taxa de câmbio afetam diretamente essas relações de preços. Se a cotação do dólar subir para R$6,00, mantidos os preços constantes, a calça vendida nos EUA, convertida em reais subirá para R$300,00, enquanto a camiseta brasileira passará a custar, em dólares, US$8,33.

Em termos práticos, a depreciação ocorrida, ou seja, a alta da cotação do dólar de R$/US$5,00 para R$6,00, tornou a calça vendida nos EUA mais cara em reais e a camiseta brasileira mais barata em dólares. Isso significa que, mantidos os preços constantes, a depreciação do real frente ao dólar torna os produtos estrangeiros mais caros para os brasileiros (em reais) e os produtos brasileiros mais baratos para o resto do mundo (em dólares).

A implicação direta dessa relação é que uma depreciação (desvalorização) da moeda doméstica em relação à moeda estrangeira, tudo mais constante, tende a aumentar as vendas externas de produtos dessa economia (exportações) e a reduzir a aquisição de bens do resto do mundo para esse país (importações).

Um raciocínio análogo pode ser estabelecido no caso de uma apreciação (valorização) da moeda doméstica em relação à moeda estrangeira. No exemplo apresentado, suponha que a cotação do dólar caia para R$/US$4,00. Isso significa que o preço da calça vendida nos EUA convertida em reais cairá para R$200,00. Ao mesmo tempo, a camiseta brasileira convertida em dólares subirá para US$12,50.

Nessa situação, a apreciação da moeda brasileira tornou o preço da calça norte-americana convertido em reais mais barato e o preço da camiseta brasileira convertida em dólares mais caro. Dessa forma, uma apreciação do real torna os produtos estrangeiros mais baratos para os brasileiros (em reais) e os produtos brasileiros mais caros para o resto do mundo (em dólares).

Isso significa que, mantido tudo mais constante, uma apreciação (valorização) da moeda doméstica em relação à moeda estrangeira tende a diminuir as vendas externas de bens dessa economia (exportações) e a aumentar as vendas de produtos do resto do mundo nesse país (importações).

Esse efeito foi descrito brevemente no capítulo 4, que tratou da dinâmica macroeconômica e apontou os efeitos da taxa de câmbio sobre a demanda agregada. De fato, as oscilações da taxa de câmbio, por conta dos efeitos descritos, tendem a afetar as exportações e as importações de uma economia. Dessa forma, uma depreciação da moeda doméstica, mantido tudo mais constante, tende a aumentar as exportações e reduzir importações, estimulando, assim, a demanda agregada. Como consequência disso, a resposta vem através de um aumento da produção e, eventualmente, da pressão de preços.

Analogamente, uma apreciação da moeda doméstica, tudo mais constante, tende a reduzir as exportações e a aumentar as importações, reduzindo, dessa forma, a demanda agregada. A implicação direta disso é a redução da produção e a tendência à desaceleração no ritmo de alta dos preços. Os efeitos das variações da taxa de câmbio e as exportações e importações são sintetizados na Figura 7.2.

FIGURA 7.2
TAXA DE CÂMBIO E COMPETITIVIDADE

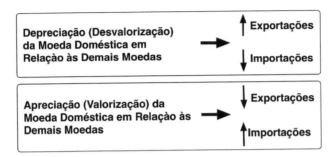

O comportamento da taxa de câmbio desempenha papel fundamental no contexto das vendas externas de um país e das suas importações. Apesar disso, não representa a única variável determinante da competitividade de uma economia no contexto internacional. Outros fatores influenciam esse fator ao longo do tempo, como as variações relativas dos preços dos bens e mudanças tecnológicas e produtividade.

TAXA DE CÂMBIO REAL

A análise realizada na seção anterior acerca dos efeitos das variações da taxa de câmbio sobre exportações e importações assumiu, como hipótese básica, que os preços dos bens são constantes.

Ainda que essa seja uma hipótese factível no curto prazo, ela não se sustenta nos médio e longo prazos. Isso decorre do fato de que os preços dos bens e serviços variam ao longo do tempo e, com isso, a análise realizada anteriormente precisa ser qualificada no sentido de incorporar essa dinâmica.

Para ilustrar o que está sendo dito, retome-se novamente o exemplo da calça vendida nos EUA a US$50,00 e que a cotação da moeda norte-americana seja de R$/US$5,00. Conforme apontado anteriormente, o preço dessa calça convertido em reais será de R$250,00. Suponha agora que essa mesma calça seja vendida no mercado brasileiro a R$250,00. Onde ela estaria mais barata e onde ela estaria mais cara (abstraia a existência de custos de transporte, impostos etc.)? Conforme o exemplo autoexplicativo aponta, ela teria o mesmo preço em qualquer lugar. Se dividirmos o preço da calça vendida nos EUA, convertida em reais, pelo preço da calça brasileira (também em reais), chegamos ao valor de 1. Ou seja, é indiferente você adquirir essa calça nos EUA ou no Brasil.

130 MACROECONOMIA EMPRESARIAL

Agora suponha que o preço da calça nos EUA suba para US$52,50 e o da calça no Brasil aumente para R$275,00, enquanto a cotação do dólar permaneça inalterada em R$/US$5,00. Nessa situação, o preço da calça vendida nos Estados Unidos, convertido em reais, será de R$262,50, o que a torna mais barata que a mesma calça vendida no Brasil, a R$275,00. Isso ocorreu porque o preço da calça no Brasil variou 10%, enquanto o preço dessa mesma calça nos EUA subiu 5%. Como a taxa de câmbio permaneceu inalterada, o efeito da alta do preço do produto em um país, acima da verificada em outro país, gerou esse efeito. Nessas circunstâncias, se forem abstraídos os custos de transporte e impostos, a calça produzida nos EUA seria exportada para o Brasil uma vez que ela está mais barata naquele país.

Esse exemplo serve para ilustrar que a competitividade de uma economia em âmbito internacional não é dada apenas pela taxa de câmbio. A variação dos preços nessa economia relativamente ao que ocorre no resto do mundo também influencia esse resultado. Em outras palavras, se uma economia está experimentando uma inflação superior à do resto do mundo e sua taxa de câmbio permanecer inalterada, ela estará se tornando progressivamente mais cara em relação às demais economias, o que tenderá a reduzir suas vendas externas (exportações) e aumentar suas compras do resto do mundo (importações) ao longo do tempo.

Note-se que o raciocínio descrito foi construído assumindo como hipótese que a taxa de câmbio permaneça inalterada. No entanto, se ela também variar ao longo do tempo, esse resultado será diretamente afetado. No exemplo da calça, imagine que a cotação do dólar tivesse subido a R$/US$5,24 ao longo do mesmo período em que os preços variaram. Nesse caso, a calça vendida nos Estados Unidos a US$52,50 convertida em reais custaria R$275,00[1], o mesmo valor do produto vendido no mercado brasileiro. Nessa situação, se tornaria novamente indiferente adquirir a calça nos EUA ou no Brasil, pois ambas custariam a mesma coisa.

No exemplo descrito, a variação da taxa de câmbio anulou o efeito provocado pela diferença do comportamento da inflação nos dois países. Em outras palavras, uma forma de manter a competitividade de um país inalterada em relação ao resto do mundo, caso sua inflação seja maior que a dos demais países, deve ser dada através da variação da sua taxa de câmbio.

Essa discussão embute a necessidade de estabelecer uma métrica adequada que viabilize a comparabilidade da evolução dos preços de uma economia, da

---

1 Na verdade, o valor da calça com essa cotação é R$275,10, mas, por questões de arredondamento e simplificação, deixamos o valor de R$275,00. A cotação do dólar para o mesmo valor deveria ser de R$5,2381.

sua taxa de câmbio e dos preços no resto do mundo. O exemplo descrito fornece claras indicações de como isso pode ser feito ao comparar o preço da calça nos EUA convertido em reais com o preço da calça brasileira, também nessa moeda. Na situação inicial, temos:

$$(US\$50 \times R\$/US\$5)/R\$250 = 1,00$$

Com apenas a variação dos preços da calça nos dois países:

$$(US\$52,50 \times R\$/US\$5)/R\$275 = 0,95$$

Com a variação dos preços da calça e da taxa de câmbio:

$$(US\$52,50 \times R\$/US\$5,24)/R\$275 = 1,00$$

É interessante observar nesse exercício que quando o preço da calça nos Estados Unidos, convertido em reais, se tornou mais barato do que a mesma calça vendida no Brasil, a relação ficou abaixo de 1,00. Quando a taxa de câmbio registrou variação e compensou o efeito do diferencial da inflação, essa relação voltou ao patamar de 1,00.

Esse exemplo ilustra o conceito da taxa de câmbio real, que é uma medida de competitividade de uma economia. A partir dele, podemos definir que a taxa de câmbio real é dada por:

Índice da Taxa de Câmbio Real = (Taxa de Câmbio Nominal x Índice de Preços do Exterior/Índice de Preços Doméstico)

A taxa de câmbio real é representada por um índice, cujo valor inicial de 100 é estabelecido em algum ponto do tempo e, a partir daí, compara-se a evolução da taxa de câmbio, do nível de preços do exterior (pode ser um país específico ou o resto do mundo) e do nível de preços doméstico.

Essa relação também permite dimensionar o quanto a taxa de câmbio deve variar para compensar o efeito do diferencial de inflação entre os países. Essa variação é dada por:

Var. % Taxa de Câmbio = Inflação Doméstica - Inflação Resto do Exterior

Isso significa que se um país registrar inflação de 10% em um determinado período de tempo e um outro país registrar inflação de 2%, a moeda do primeiro país deverá registrar depreciação de 8% para manter a taxa de câmbio real e a competitividade inalteradas. Caso a variação da taxa de câmbio seja superior a esse patamar, a taxa de câmbio real terá registrado uma depreciação, o que tenderá a aumentar as exportações e diminuir as importações. Se a variação cambial for inferior a 8%, a taxa de câmbio real terá registrado uma apreciação, o que tenderá a diminuir as exportações desse país e a aumentar suas importações[2].

A análise da taxa de câmbio real permite vislumbrar que não são apenas as oscilações na taxa de câmbio nominal que afetam diretamente as exportações e as importações de um país. O comportamento dos seus preços em relação ao resto do mundo deve ser considerado nessa análise. Essa análise conjunta contribui para determinar o comportamento da balança comercial de uma economia ao longo do tempo.

O Gráfico 7.2 ilustra a evolução da taxa de câmbio real efetiva brasileira média de 12 meses[3] relativamente ao saldo comercial acumulado em 12 meses. Nesse gráfico, é possível vislumbrar os efeitos (ainda que defasados) sobre o saldo comercial brasileiro oriundos das oscilações da taxa de câmbio real.

GRÁFICO 7.2
ÍNDICE DA TAXA DE CÂMBIO REAL EFETIVA VS. SALDO COMERCIAL: BRASIL

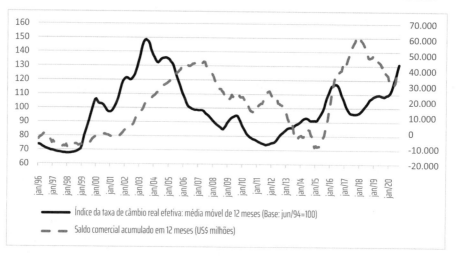

FONTE: BANCO CENTRAL DO BRASIL. ELABORAÇÃO PRÓPRIA.

---

2 Essa análise não incorpora, no entanto, o efeito de mudanças na produtividade entre os países.
3 O cálculo da taxa de câmbio real efetiva utiliza o mesmo princípio daquele utilizado para o cálculo da taxa de câmbio real. Esse índice amplia o conceito ao incorporar uma cesta de países e moedas, ponderada, em geral, de acordo com sua participação no comércio exterior. Para maiores detalhes sobre como esse cálculo é efetuado no caso brasileiro, consulte a página do Banco Central do Brasil.

REGIMES CAMBIAIS

Um regime cambial pode ser definido, grosso modo, como a forma com que o governo, através do banco central, estabelece uma relação e administra o comportamento da sua moeda relativamente às demais moedas. Essa conformação delimita como a autoridade monetária deverá atuar no mercado de câmbio, no contexto do escopo do regime cambial adotado. Via de regra, existem dois regimes cambiais que podem ser classificados em posições relativamente opostas.

Regime de Taxa de Câmbio Fixa

O valor da moeda doméstica é fixo em relação à moeda estrangeira (em geral uma moeda reserva amplamente aceita nas operações comerciais e financeiras realizadas pelo país, como o dólar norte-americano ou o euro).

- **Vantagens:** garante uma cotação fixa da moeda estrangeira para os agentes econômicos, favorecendo o comércio exterior e operações de investimento. Além disso, a taxa de câmbio fixa permite uma "ancoragem" dos preços dos bens comercializáveis com o exterior com aqueles praticados no resto do mundo, facilitando o controle da inflação doméstica.

- **Desvantagens:** esse regime tira graus de liberdade da política monetária, pois exige que a taxa de juros doméstica se mantenha atrativa o suficiente para coibir saídas de capitais externos que venham forçar o banco central a vender recorrentemente suas reservas no mercado de câmbio. Isso significa que a taxa de juros doméstica deve permanecer igual ou acima das taxas de juros internacionais. Adicionalmente, choques adversos externos que impactem diretamente sobre os fluxos cambiais, em geral, têm como resposta a elevação da taxa de juros doméstica, o que impacta diretamente a atividade econômica doméstica.

Regime de Taxa de Câmbio Flutuante

A cotação da moeda estrangeira em relação à moeda doméstica flutua de acordo com a oferta e a demanda de moeda estrangeira no mercado de câmbio. Nesse regime cambial, a cotação da moeda estrangeira é formada de acordo com as condições desse mercado, e o banco central não atua de forma a influenciar a cotação da moeda estrangeira.

MACROECONOMIA EMPRESARIAL

- **Vantagens:** esse regime confere maior grau de autonomia à política monetária, uma vez que a taxa de juros não tem que reagir a saídas ou ingressos de capitais externos para manter a taxa de câmbio fixa. Nesse sentido, a taxa de juros passa a ser definida de acordo com os objetivos macroeconômicos domésticos. Esse regime também não requer que o banco central atue diretamente no mercado de câmbio comprando ou vendendo reservas internacionais. Ele também permite que as contas externas se equilibrem automaticamente, uma vez que eventuais *deficit* ou *superavit* refletirão sobre o comportamento da taxa de câmbio. Adicionalmente, choques adversos externos que afetem os fluxos cambiais são absorvidos inteiramente na taxa de câmbio nesse regime, evitando que esses choques sejam transmitidos para a economia doméstica.

- **Desvantagens:** eventuais oscilações cambiais tendem a afetar os preços domésticos, influenciando o comportamento da inflação. Esse tipo de regime também traz maiores incertezas quanto ao comportamento futuro da cotação da moeda estrangeira, requerendo dos investidores internacionais e dos agentes envolvidos em comércio exterior a necessidade da realização de operações para se precaverem acerca desse risco (*hedge* cambial). Esse regime também torna o câmbio mais sujeito a operações especulativas, que ampliam o grau de incerteza e o risco envolvendo operações em moeda estrangeira.

Esses dois regimes cambiais, conforme indicado, se colocam em situações relativamente extremas. De fato, vários países se enquadram nessas duas categorizações. No entanto, existem outros arranjos que se situam em posição intermediária a esses dois regimes. Dentre esses, podemos destacar:

1. regime de taxa de câmbio flutuante administrada: nesse regime, a taxa de câmbio flutua de acordo com a oferta e a demanda de moeda estrangeira no mercado de câmbio, mas a autoridade monetária intervém de tempos em tempos, comprando ou vendendo moeda estrangeira nesse mercado. Essa atuação visa influenciar a taxa de câmbio e a autoridade monetária não define limites explícitos para sua atuação, seja no patamar da cotação da moeda estrangeira, seja no volume da sua intervenção.

2. regime de bandas cambiais: nesse regime, a autoridade monetária define limites (superior e inferior) para a cotação da moeda estrangeira. Dentro do intervalo desses limites, a taxa de câmbio pode flu-

tuar livremente. No entanto, se o piso (limite inferior) for atingido, o banco central atuará no mercado de câmbio comprando divisas e evitando que a cotação da moeda estrangeira caia abaixo desse patamar. Similarmente, se o teto (limite superior) for atingido, o banco central atuará no mercado de câmbio vendendo divisas e evitando que esse patamar seja rompido. Nesse regime, o banco central garante uma faixa de flutuação da taxa de câmbio. Note-se que mesmo esse regime cambial pode assumir diferentes configurações: a banda pode ser fixa, deslizante ou mudar de tempos em tempos de acordo com o objetivo do banco central.

Os regimes cambiais descritos permitem que, em maior ou menor medida, a oferta de moeda doméstica seja controlada pelo banco central. No entanto, existem situações e arranjos mais extremos, que limitam esse escopo de atuação por parte da autoridade monetária.

O **currency board** (ou comitê monetário) é um arranjo em que é estabelecido um valor da moeda estrangeira em termos da moeda doméstica e a emissão dessa moeda é limitada pelo volume de reservas internacionais do país em moeda estrangeira. Nesse sistema, a totalidade da moeda doméstica em circulação pode ser convertida em moeda estrangeira, havendo liberdade para essa conversão. Esse tipo de arranjo impede a emissão de moeda acima do volume de reservas internacionais do país, o que limita a expansão monetária e limita o escopo de ação da política monetária.

Outro arranjo mais extremo remete à adoção da moeda de outro país como moeda corrente na sua economia. Nessa situação, o país abandona sua moeda e adota a moeda de outra nação (em geral o dólar norte-americano ou o euro) como sua moeda. Esse tipo de fenômeno ocorre, muitas vezes, em situações em que o país experimentou um processo inflacionário agudo e os agentes perderam inteiramente a confiança na moeda doméstica, passando a utilizar a moeda de outro país nas suas transações comerciais e financeiras.

O regime cambial adotado por cada país deve estar alinhado com os objetivos de política econômica nos quais esse sistema se insere. Essas considerações devem levar em conta o grau de abertura da economia para o comércio exterior e a abertura relativa na conta capital e financeira.

PARIDADE DAS TAXAS DE JUROS

A taxa de juros praticada em uma economia relativamente à praticada em outras economias afeta o fluxo de investimentos direcionados para a renda fixa nesse país. Por exemplo, se a taxa de juros brasileira se encontra em 10% ao ano e a taxa de juros norte-americana em 1% ao ano, fica claro que há uma tendência que investidores norte-americanos direcionem seus recursos para o mercado brasileiro. Esse movimento levaria a um aumento da oferta de dólares no mercado de câmbio brasileiro e a uma tendência à apreciação da moeda brasileira.

No entanto, há um elemento importante a ser considerado nessa relação que diz respeito à taxa de câmbio. Nesse sentido, a cotação do dólar no momento do ingresso do recurso no país e a vigente no instante em que o investidor levará seus investimentos de volta aos EUA. Um exemplo numérico ilustra bem essa situação.

Imagine que um investidor norte-americano possui US$1.000.000,00 para investir. Nas condições descritas, ele poderia investir nos EUA à taxa de 1% ao ano. Se ele mantiver seus investimentos nesse país, com os juros inalterados, após um ano ele terá US$1.010.000,00. Alternativamente, ele pode investir na renda fixa brasileira, que remunera 10% ao ano. Suponha que a cotação do dólar esteja em R$/US$5,00, que significa que ele terá R$5.000.000,00 para investir no Brasil (abstraindo impostos e custos de corretagem). Se ele mantiver sua aplicação por um ano na renda fixa brasileira, supondo que a taxa de juros se mantenha inalterada, ele terá R$5.500.000,00. O valor em dólares que esse montante representará vai depender, essencialmente, da cotação da moeda norte-americana no momento da conversão. Se ela tiver permanecido em R$/US$5,00, o investidor regressará com US$1.100.000,00. Isso significa que terá sido uma boa opção investir no Brasil. No entanto, se a cotação estiver em R$/US$5,79, ele levará apenas US$949.913,64 para seu país. Nesse caso, se tivesse investido no Brasil, teria amargado um prejuízo e deveria ter deixado seus recursos nos EUA. Qual a taxa de câmbio que o tornaria indiferente entre aplicar no Brasil ou nos Estados Unidos? Essa conta pode ser feita da seguinte forma:

Montante nos EUA: US$1.010.000,00

Montante no Brasil: US$1.000.000,00 x R$/US$5,00 x (1,10) / Câmbio de Saída = R$5.500.000,00 / Câmbio de Saída

Igualando os dois resultados, temos:

US$1.010.000,00 = R$5.500.000,00 / Câmbio de Saída =>

=> Câmbio de Saída = R$5.500.000,00 / US$1.010.000,00 = R$/US$5,45 (aprox.)

POLÍTICA CAMBIAL **137**

Em outras palavras, a cotação de R$/US$5,45 torna indiferente aplicar o recurso nos EUA ou no mercado brasileiro de renda fixa. Se a cotação do dólar estiver acima desse patamar, valerá a pena manter os recursos nos EUA. Se estiver abaixo, o retorno na renda fixa brasileira será mais vantajoso.

Em termos gerais, essa relação é dada por:

$$(1 + i*) = \frac{(1 + i)S}{S_F}$$

Onde:

i* = taxa de juros internacional

i = taxa de juros doméstica

S = taxa de câmbio atual

SF = taxa de câmbio futura.

Quando essa relação se torna igual, os investidores serão indiferentes entre investir em um país ou em outro. Nesse sentido, ela representa uma condição de não arbitragem, conhecida como **paridade da taxa de juros**.

Os investidores trabalham com essa relação e é natural que, antes de tomarem suas decisões de investimento, considerem as opções disponíveis. Naturalmente, quando decidem investir em outro país, não irão permanecer expostos à incerteza cambial. A forma de lidar com esse problema é considerar a cotação da moeda estrangeira no mercado futuro, casando uma operação de proteção nesse mercado (*hedge*) com o prazo da sua aplicação.

Isso significa que, dadas as condições da taxa de câmbio à vista e da vigente nas negociações no mercado futuro, o diferencial entre a taxa de juros doméstica e aquela praticada no resto do mundo afeta o fluxo de investimentos de uma economia. Quanto maior a taxa de juros doméstica em relação à do exterior, maior a tendência de ingressos de capitais. O inverso é verdadeiro se esse diferencial se reduz, e eventualmente se torna negativo.

BALANÇO DE PAGAMENTOS

O balanço de pagamentos de um país representa o registro contábil de todas as suas transações comerciais e financeiras e o resto do mundo em um determinado período de tempo. Essa peça contábil permite inferir como estão as contas externas de uma economia em caráter global. Em outras palavras, ele representa uma radiografia da economia de um país em termos das suas transações com o exterior. A análise das diversas contas que constam no balanço de pagamentos permite avaliar, individualmente, como se comportaram as receitas provenientes do resto do mundo para um item específico vis-à-vis os pagamentos efetuados para o exterior nessa rubrica.

O balanço de pagamentos de um país pode ser dividido por três grandes contas, sendo cada uma delas subdividida em outras contas. Além dessas, o balanço de pagamentos incorpora uma quarta conta relativa a erros e omissões, uma vez que nem todas as transações entre residentes e não residentes são formalmente registradas no balanço de pagamentos.

1. **Transações correntes**

   ▪ Balança comercial: exportações e importações de bens

   ▪ Balanço de serviços: receitas e pagamentos de prestação de serviços entre residentes e não residentes (serviços de manufatura, viagens, transportes, etc.).

   ▪ Balanço de rendas primárias: receitas e pagamentos relativos às rendas do trabalho (salários) e do capital (lucros, dividendos e juros) entre residentes e não residentes.

   ▪ Balanço de rendas secundárias: transferências unilaterais.

2. **Conta capital:** transferências de ativos reais, financeiros e intangíveis entre residentes e não residentes.

3. **Conta financeira**

   ▪ Investimento direto: entradas e saída de capitais que possuem um enfoque duradouro, como abertura de empresas brasileiras no exterior ou de filiais estrangeiras no país.

   ▪ Investimento em carteira: receitas e despesas relativas a investimentos em renda variável, renda fixa e quotas de fundos de renda fixa.

   ▪ Derivativos.

   ▪ Outros investimentos: créditos comerciais, empréstimos, moeda e depósitos e outras operações.

   ▪ Ativos de reserva.

4. **Erros e Omissões**

Em teoria, a soma das transações correntes e das contas capital e financeira deveria ser igual a zero. Esse fenômeno ocorre porque a conta financeira incorpora os ativos em reserva, que corresponde à variação do volume de reservas internacionais oriunda das transações ocorridas no balanço de pagamentos. Conforme apontado anteriormente, em termos práticos, nem todas as transações entre residentes e não residentes são formalmente anotadas nas contas do balanço e o ajuste é feito pelos erros e omissões.

A Tabela 7.1 apresenta uma versão sintetizada do balanço de pagamentos brasileiro para o ano de 2019. Nessa tabela, é fácil perceber que o resultado foi fechado mediante uma perda US$26,1 bilhões em reservas internacionais naquele ano.

TABELA 7.1
BALANÇO DE PAGAMENTOS BRASILEIRO

(Em bilhões de dólares)	2019
Transações Correntes	-50,8
Balança comercial	39,4
Balanço de serviços	-35,1
Balanço de rendas primárias	-56,0
Balanço de rendas secundárias	1,02
Conta Capital	0,4
Conta Financeira	53,1
Investimentos direto (líquido)	56,5
Investimento em carteira	-26,2
Derivativos (líquido)	-1,7
Outros investimentos (líquido)	-1,6
Ativos em reserva	26,1
Erros e Omissões (-)(1+2+3)	-2,7

FONTE: BANCO CENTRAL DO BRASIL. ELABORAÇÃO PRÓPRIA.

MERCADO DE CÂMBIO

O mercado de câmbio representa o segmento do mercado financeiro onde é negociada a moeda estrangeira. Nesse mercado, participam os agentes econômicos que realizam operações comerciais e financeiras com o exterior. Isso envolve agentes que realizam operações de exportação, de importação, remetem ou recebem dividendos do exterior, têm recursos em outro país e investem em outra economia etc. Isso envolve operadores de comércio internacional, instituições financeiras, investidores, entre outros.

Esse mercado funciona como qualquer outro mercado, em que o preço do bem ou ativo (no caso a cotação da moeda estrangeira) é formado a partir da oferta e da demanda dessa moeda no mercado cambial.

Diferentes grupos envolvem cada lado desse mercado, possuindo interesses distintos na compra ou na venda da moeda estrangeira. Do lado da oferta de moeda estrangeira, estão os exportadores, os investidores estrangeiros que desejam ingressar no país, as empresas que realizam empréstimos no exterior etc. Na ponta da demanda, encontram-se os importadores, os investidores que desejam investir em outro país, os devedores que desejam pagar parte ou a totalidade da sua dívida externa, as empresas estrangeiras que desejam remeter lucro e dividendos para sua matriz no exterior etc. Essa relação de forças no mercado cambial brasileiro estabelece a cotação do **dólar comercial**.

No Brasil, as operações com moeda estrangeira são realizadas por agentes autorizados pelo Banco Central e inclui bancos, a Caixa Econômica Federal, corretoras, distribuidoras e sociedades de crédito, financiamento e investimento. As operações são regulamentadas pelo Conselho Monetário Nacional (CMN) e pelo Banco Central.

Pela multiplicidade de agentes envolvidos nesse mercado, que têm interesses distintos, a taxa de câmbio em um regime flutuante, como é o caso brasileiro, representa uma variável de difícil previsão e as projeções, em geral, são estabelecidas mais como um guia de tendência para o comportamento da cotação da moeda estrangeira do que um valor a ser efetivamente "cravado" por economistas.

POLÍTICA CAMBIAL NO BRASIL

A política cambial brasileira atual é de um regime de taxa de câmbio flutuante administrada (ou "suja"). Isso significa que o Banco Central não se compromete com um patamar específico da taxa de câmbio e a cotação do dólar flutua de

POLÍTICA CAMBIAL **141**

acordo com as forças do mercado (oferta e demanda de moeda estrangeira). As intervenções da autoridade monetária no mercado cambial ocorrem em momentos específicos, quando a instituição julga necessário intervir para coibir oscilações muito intensas decorrentes de movimentos especulativos.

Essa sistemática se dá ao contexto do regime de metas para inflação. Nesse arcabouço, o foco da política monetária, conforme visto anteriormente, centra-se na definição da taxa de juros tendo como objetivo central o cumprimento da meta para inflação. A funcionalidade dessa estratégia assenta-se sobre a taxa de câmbio flutuante, uma vez que a taxa de juros doméstica deve ser orientada para atender objetivos domésticos (inflação).

Em termos práticos, isso significa que a política cambial brasileira não possui um papel explícito no sentido de estimular ou desestimular a demanda agregada com foco no pleno emprego. Conforme apontado anteriormente, a taxa de câmbio flutuante absorve os impactos de choques adversos externos, permitindo um ajuste automático do balanço de pagamentos.

Apesar disso, o Banco Central intervém no mercado de câmbio, de tempos em tempos, para coibir movimentos especulativos nesse mercado que venham a resultar em oscilações excessivas e indesejáveis da taxa de câmbio. Essas intervenções podem ocorrer diretamente, via compra e venda de moeda estrangeira no mercado cambial, ou indiretamente, atuando no mercado futuro de câmbio, procurando evitar que os movimentos que ocorram nesse mercado afetem a cotação à vista da moeda estrangeira.

SÍNTESE

- A taxa de câmbio representa uma relação entre duas moedas. Ela pode ser expressa pela quantidade de moeda doméstica necessária para adquirir uma unidade de moeda estrangeira ou a quantidade de moeda estrangeira que uma unidade de moeda doméstica pode adquirir.

- No caso brasileiro, a convenção adotada é dada pela quantidade de moeda doméstica (real) que adquire uma unidade de moeda estrangeira (dólar norte-americano).

- Uma elevação da cotação do dólar representa uma depreciação do real frente ao dólar norte-americano. A queda da cotação do dólar representa uma apreciação do real frente ao dólar.

- A taxa de câmbio real ajusta as variações da taxa de câmbio nominal às variações dos preços domésticos e as ocorridas no resto do mundo.

Essa taxa é dada por um índice, cuja base 100 é determinada em algum momento no tempo.

- Uma depreciação da taxa de câmbio real aumenta a competitividade da produção doméstica vis-à-vis ao resto do mundo. Nessa situação, as exportações tendem a aumentar e as importações tendem a cair. O inverso ocorre no caso de uma apreciação da taxa de câmbio real.

- Via de regra, do ponto de vista econômico, dois grandes regimes cambiais podem ser classificados no âmbito dos regimes cambiais: regime de taxa de câmbio fixa e regime de taxa de câmbio flutuante. No entanto, existe uma gama relativamente ampla de arranjos que se situam entre esses dois regimes que os países adotam.

- A paridade de juros é uma condição de não arbitragem, que torna os investidores que aplicam seus recursos para auferir juros indiferentes entre investir em um país ou em outro.

- O balanço de pagamentos de um país registra suas transações comerciais e financeiras com o resto do mundo. Ele possui quatro contas básicas: transações correntes, conta capital, conta financeira e erros e omissões.

- No mercado de câmbio, é negociada a moeda estrangeira (no caso brasileiro, o dólar). Ele é composto por diversos agentes que compram e vendem moeda estrangeira.

- O regime cambial brasileiro é de taxa de câmbio flutuante administrada, em que o Banco Central intervém de tempos em tempos para influenciar a cotação do dólar. Nesse regime, a taxa de câmbio não possui um papel explícito para influenciar o ciclo econômico.

TERMOS-CHAVE

- Taxa de câmbio nominal
- Taxa de câmbio real
- Regime de taxa de câmbio flutuante
- Regime de taxa de câmbio fixa
- Paridade de juros
- Balanço de pagamentos
- Mercado de câmbio
- Política cambial brasileira

Questões de Revisão

1. Apresente o conceito de taxa de câmbio nominal.

2. Apresente o conceito da taxa de câmbio real.

3. Por que uma depreciação da taxa de câmbio real tende a melhorar o saldo comercial (exportações e importações) do país?

4. Quais as vantagens e desvantagens do regime de taxa de câmbio flutuante?

5. Quais as vantagens e desvantagens do regime de taxa de câmbio fixa?

6. Se um investidor vai aplicar seus recursos na renda fixa de outro país, para auferir juros, o que ele deve considerar na sua decisão?

7. O que é a paridade de juros?

8. Quais são as principais contas do balanço de pagamentos?

9. Como funciona o mercado de câmbio brasileiro?

10. Explique brevemente a política cambial brasileira.

CAPÍTULO 8

O LONGO PRAZO

O foco das discussões até o momento foi centrado na dinâmica macroeconômica dos ciclos econômicos e nas políticas de governo orientadas para levar a economia ao pleno emprego. Nesse sentido, foram abordadas a política monetária, fiscal e cambial, cuja influência no comportamento da demanda agregada, da produção e do emprego, é determinante no desempenho da economia no curto prazo.

No entanto, foram deixados de lado (deliberadamente), os determinantes do crescimento econômico de longo prazo de uma economia. Essa abordagem alinhou-se com a proposta de focar a discussão em torno dos ciclos econômicos e dos elementos que influenciam esse ciclo.

Assim, no capítulo 4 foi apontado que a evolução da produção (renda) e da inflação em uma economia estão condicionados à compatibilidade do crescimento do produto e da demanda agregada. Se o ritmo de crescimento da demanda agregada for superior ao da produção, isso se traduzirá em mais inflação e aceleração no crescimento. Inversamente, se a produção estiver crescendo a um ritmo superior ao da demanda agregada, isso levará a uma acumulação de estoque e consequente desaceleração no ritmo da produção e da alta dos preços.

Dessa forma, foram discutidas as políticas de governo que têm o papel de compatibilizar a velocidade de expansão da demanda agregada ao ritmo da produção, de tal forma a levar a economia ao pleno emprego, mantendo a inflação sob controle.

146 MACROECONOMIA EMPRESARIAL

Essa discussão deixou de lado uma questão chave que remete à velocidade com que a produção (e a renda) em uma economia pode crescer ao longo do tempo. Esse é um ponto fundamental quando se discute o crescimento dessas variáveis em uma economia no longo prazo. A velocidade com que a capacidade produtiva cresce em uma economia ao longo do tempo vai condicionar o quanto sua produção pode crescer. Nesse sentido, quanto mais rapidamente essa capacidade crescer em uma economia, mais velozmente ela poderá expandir a sua produção (renda) e, ao mesmo tempo, a sua demanda sem que isso exerça pressões inflacionárias. Da mesma forma, se essa capacidade se expandir mais lentamente, sua produção (renda) irá aumentar a uma velocidade menor. Nessa situação, a demanda nessa economia terá que se expandir a um ritmo mais lento ou então essa economia enfrentará uma aceleração da inflação.

Esse capítulo transfere o escopo analítico das flutuações cíclicas e das políticas de governo voltadas para lidar com esse fenômeno para um foco de longo prazo, em que o eixo passa a ser a expansão econômica em um horizonte temporal que transcende a dinâmica cíclica da economia. Ele representa um breve fecho acerca das discussões mais relacionadas ao crescimento de longo prazo de uma economia.

OS DETERMINANTES DO CRESCIMENTO ECONÔMICO

A taxa de crescimento do produto (e da renda) varia significativamente ao longo do ciclo econômico. É normal observar que economias que saem de uma recessão profunda atingem taxas de crescimento da ordem 6% a 7% no ano seguinte. Isso ocorre à medida que a capacidade produtiva disponível é ocupada e que a mão de obra desempregada passa a trabalhar. Esse tipo de crescimento rápido tende a ter fôlego limitado na ausência de outros fatores que atuem no sentido de permitir que a produção siga expandindo sem enfrentar limites impostos pela capacidade produtiva ou pela disponibilidade da força de trabalho.

Quando se fala de longo prazo em termos econômicos, o eixo passa a ser como o produto potencial (ou de pleno emprego) de uma economia cresce em um horizonte temporal de décadas.

Obviamente, essa questão remonta à velocidade com que a capacidade produtiva de uma economia expande ao longo do tempo. Em outras palavras, isso remete à dimensão de quantas fábricas são abertas, quantas novas máquinas são adquiridas, ao aumento do potencial de geração de energia elétrica, expansão da infraestrutura viária etc.

Dessa forma, um ponto central na discussão do crescimento de longo prazo diz respeito à acumulação do capital físico de uma economia. Se essa acumulação cresce a uma taxa baixa ao longo do tempo, é natural que a expansão da capacidade produtiva também ocorra a um ritmo lento, o que limitará o potencial de crescimento da renda e da produção dessa economia.

A velocidade com que o capital físico cresce em uma economia é dada pelo seu volume de investimentos produtivos, devendo ser considerado nesse cálculo a depreciação do estoque de capital existente. Assim, o estoque de capital em uma economia em um determinado período de tempo é dado pela seguinte relação:

Estoque de Capital em t = Estoque de Capital em t-1 + Investimentos em t - Depreciação do Estoque de Capital Existente em t-1

Essa relação mostra que, dada a taxa de depreciação do estoque de capital, quanto maiores os investimentos em uma economia, maior sua acumulação de capital.

Em uma economia, os investimentos são formados a partir daquilo que ela poupa. Em outras palavras, os investimentos em uma economia representam aquela parcela da produção (e da renda) que não é utilizada para outros fins. Essa fração forma a poupança da economia, que é disponível para que os investimentos ocorram e representa uma parcela da renda (produção) total da economia.

Enquanto os investimentos em uma economia se mantiverem acima da depreciação do capital, o estoque de capital seguirá crescendo. No entanto, quanto mais capital é acumulado, mantendo a mão de obra fixa, menor o seu retorno na margem, ou seja, menor o incremento de renda por unidade adicional de capital. Se a relação apresentada for ajustada pelo número de trabalhadores, é possível observar que chegará um ponto em que os investimentos ou poupança por trabalhador se igualará à depreciação por trabalhador. Nesse ponto, a relação capital/trabalho de equilíbrio na economia atingirá seu equilíbrio, ocorrendo o mesmo com a renda per capita.

Essa visão aponta que economias que possuem um baixo estoque de capital e passam a acumular a partir de determinado momento tendem a crescer mais rapidamente, uma vez que estão partindo de níveis muito baixos de capital físico, em que o retorno na margem tende a ser mais elevado. No entanto, à medida que essas economias acumulam mais capital, aumentando a relação capital/trabalho, passam a crescer mais lentamente, até atingir um ponto de equilíbrio.

Essa abordagem parece relativamente fatalista quando colocada de uma forma puramente analítica. No entanto, existem alguns fatores que alteram essa relação ao longo do tempo, permitindo que as economias sigam crescendo mesmo com uma elevada acumulação de capital e relação capital/trabalho.

Uma forma transitória de fazer isso seria aumentar a taxa de poupança da economia. Isso permitiria que os investimentos crescessem, levando a um aumento da relação capital/trabalho e da renda per capita, com uma aceleração temporária do crescimento econômico.

No entanto, um elemento chave no determinante do crescimento econômico de longo prazo diz respeito ao aumento da produtividade. Quando a produtividade em uma economia cresce, pode-se dizer que sua produção e renda aumentam, mantidos os fatores de produção – capital e trabalho – inalterados. Em outras palavras, um aumento da produtividade implica em um aumento da produção e da renda da economia mantidos inalterados aos fatores de produção utilizados no processo produtivo.

Via de regra, esse processo está associado ao progresso tecnológico, que pode levar não apenas ao processo descrito, mas também gera impactos sobre a produção de bens e serviços, podendo levar ao desenvolvimento de novos ou melhores produtos, bem como ampliando a gama existente.

O progresso tecnológico pode impactar diretamente sobre a qualidade do capital, tornando-o mais produtivo e influenciando a dinâmica dos ganhos de produtividade ao longo do processo de acumulação. Uma boa forma de observar isso se dá através da produção agrícola, que até o início do século XX utilizava intensivamente mão de obra e empregava uma grande parcela da população. O uso de capital maquinário se tornou cada vez maior à medida que o século avançou, com aumento da relação capital/trabalho no setor. As máquinas e implementos agrícolas, com os avanços tecnológicos, também se tornaram cada vez mais eficientes ao longo do tempo. Atualmente, as unidades produtivas agrícolas utilizam intensivamente capital, que possui uma produtividade muito maior do que no passado, e apenas uma fração da mão de obra que outrora era empregada no campo é capaz de produzir alimentos em uma escala nunca antes vista pela humanidade.

Esse fenômeno pode ser observado em diversas outras áreas da economia, como a indústria, cujos avanços no processo produtivo levaram a um emprego muito menor da mão de obra operária do que no passado, produzindo bens de qualidade superior e em uma quantidade muito maior. O setor bancário é

O LONGO PRAZO **149**

outro exemplo que vai nessa direção, tornando-se cada vez mais tecnológico e empregando menos mão de obra que no passado.

O progresso tecnológico também depende, em grande medida, das instituições presentes na economia. Direitos de propriedade bem definidos e estabelecidos adequadamente, por exemplo, são fundamentais para que esse progresso avance de forma contínua.

Um ponto importante a ser destacado é que processo produtivo não envolve apenas o uso de capital maquinário e envolve outros elementos. A mão de obra é um fator essencial na produção de bens e serviços em qualquer economia. É natural que, quanto mais produtiva e eficiente a mão de obra empregada nesse processo, melhores resultados podem ser observados do lado da produção. Assim como o estoque de capital pode ser acumulado ao longo do tempo, o capital humano em uma economia também pode ter um processo de acumulação, através do treinamento e da educação. Isso significa que investimentos na área da educação representam um elemento chave no processo de crescimento econômico e da renda ao longo do tempo.

O acesso a recursos naturais que proporcionam insumos de produção também pode influenciar o processo de crescimento em uma economia ao longo do tempo. Os Estados Unidos foram beneficiados por um longo período pela sua abundância de recursos.

Embora os recursos naturais sejam importantes na geração de insumos a serem utilizados no processo produtivo, eles não representam uma condição necessária para que um país seja rico e eficiente. O Japão, por exemplo, é um país com recursos naturais limitados e é uma nação rica. Isso só se tornou possível através da prática do comércio internacional.

PROGRESSO TECNOLÓGICO E MÃO DE OBRA

A análise acerca do progresso tecnológico e seus efeitos sobre a mão de obra abre a questão da destruição de empregos que ocorre nesse processo. Nesse sentido, é comum o temor de que os avanços tecnológicos levem a um aumento do desemprego. No entanto, contrariamente a isso, tanto a teoria econômica quanto as evidências indicam que não há razão para esse tipo de preocupação. As indicações, na verdade, apontam noutra direção e sugerem que um aumento mais lento da produtividade na economia tende a levar a um desemprego mais elevado e um crescimento mais acelerado aponta para níveis de desemprego menores.

No entanto, o progresso tecnológico não é um processo sem sobressaltos em uma economia. Embora seja inegável a melhoria na renda e no padrão de vida derivados desse processo, ele implica em mudanças estruturais profundas. O surgimento de novos bens e serviços, bem como de novas técnicas de produção, demandam conhecimentos e habilidades que não necessariamente estão presentes em toda a força de trabalho. Dessa forma, é natural que, ao longo desse processo, uma parte da mão de obra que detenha esse conhecimento e habilidade seja beneficiada, com aumento da demanda por esse tipo de trabalhador, que passará a deter maiores salários. Em contrapartida, a parcela que não tiver seus conhecimentos e habilidades alinhadas com essas necessidades emergentes, enfrentarão uma menor demanda por seu trabalho e perda de renda.

Essa realidade no mercado de trabalho, de fato, acirra os temores daqueles que veem a demanda por suas habilidades e sua renda diminuindo à medida que o progresso tecnológico avança. Esse é um quadro que os governos têm que estar preparados para lidar, essa dinâmica de transição na mão de obra.

POLÍTICAS DE ESTÍMULO AO CRESCIMENTO ECONÔMICO

O crescimento econômico de longo prazo de um país pode ser estimulado a partir de algumas políticas de governo orientadas nesse sentido. Diferentemente das políticas voltadas para estabilizar o ciclo econômico, essas políticas têm um foco temporal de longo prazo e suas ações são essenciais para garantir maior prosperidade de uma economia nesse horizonte de tempo.

Uma das políticas que pode auxiliar no processo do crescimento econômico diz respeito a políticas que estimulem a poupança e o investimento. Uma maior poupança em uma economia (abrindo mão do consumo imediato de recursos) permitirá maiores níveis de investimento, acelerando a acumulação de capital físico na economia, como máquinas e equipamentos. Com isso, a produção poderá crescer de forma mais acelerada. Esse processo, conforme visto, permitirá uma aceleração do crescimento econômico ao longo da dinâmica de acumulação de capital, permitindo um aumento da renda per capita do país.

Outra iniciativa que aponta nessa direção diz respeito aos investimentos estrangeiros diretos. Isso implica em remover eventuais restrições à propriedade estrangeira do capital. Com isso, empresas existentes no exterior poderiam investir nessa economia, acelerando seu processo de acumulação do capital e o crescimento econômico.

Além de políticas voltadas para estimular o processo de acumulação do capital, existem aquelas voltadas para melhorar o capital humano existente em uma economia. Dentre estas, merece destaque a educação, que representa o principal fator de impacto sobre essa variável. Trabalhadores mais instruídos e bem formados possuem uma produtividade mais elevada e o investimento nessa área é tão importante para o sucesso no longo prazo de uma economia quanto a acumulação de capital físico. Adicionalmente, a educação atua como um fator de diminuição da desigualdade de renda em economias menos desenvolvidas, uma vez que tende a diminuir a diferença salarial entre trabalhadores mais bem instruídos e aqueles menos qualificados. Dessa forma, políticas ativas na área educacional são fundamentais para a melhoria do nível de renda em uma economia no longo prazo.

Além destas políticas, outras se mostram essenciais para estimular o crescimento econômico, como aquelas voltadas para incentivar a pesquisa e desenvolvimento, abertura comercial e direitos de propriedade bem estabelecidos.

CRESCIMENTO ECONÔMICO BRASILEIRO DE LONGO PRAZO

A economia brasileira cresceu de forma acelerada a partir da Segunda Guerra Mundial e até o final dos anos 1970. Esse crescimento ocorreu durante o ciclo de industrialização que o país experimentou nesse período (Gráfico 8.1). No contexto da análise de crescimento de longo prazo, pode-se dizer que o processo de industrialização desse período marcou uma intensificação da relação capital/trabalho, dada a acumulação de capital verificada ao longo do período.

O marco que iniciou esse processo se deu no governo Vargas, a partir de 1930. O impulso inicial na indústria proporcionado por aquele governo ocorreu na esteira do colapso da economia cafeeira no final da década de 1920. A queda do preço internacional do café naquele período levou a uma escassez de divisas externas. Com isso, a estratégia de desenvolvimento industrial liberava o país da necessidade de importação de manufaturas que passaram a ser produzidas domesticamente. Os avanços na industrialização foram favorecidos pela mão de obra liberada do campo, que migrou para as cidades e formou as bases de um mercado consumidor doméstico mais desenvolvido.

A estratégia de industrialização iniciada no governo Vargas foi seguida, com diferentes nuances, nos governos que o sucederam. Esse modelo é conhecido como industrialização por substituição de importações. A lógica subjacente a esse processo é relativamente simples, em que o princípio é o país produzir manufaturas que importava ou que viesse em algum momento a importar. Obviamente, para que o impulso industrial fosse mantido em um constante processo de substituição de produtos importados, os governos do período utilizaram diferentes instrumentos que visavam barrar importações e garantir que indústria doméstica passasse a produzir produtos que antes vinham do exterior. Isso podia se dar através de tarifas de importações, taxas de câmbio múltiplas e de uma miríade de instrumentos voltados para essa finalidade.

GRÁFICO 8.1
CRESCIMENTO ECONÔMICO BRASILEIRO APÓS A SEGUNDA GUERRA MUNDIAL: VAR. % ANUAL DO PIB REAL

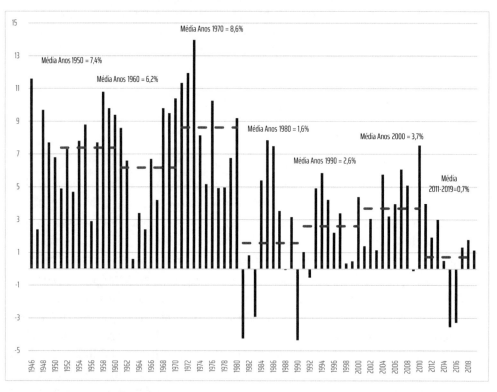

FONTE: IBGE. ELABORAÇÃO PRÓPRIA.

A estratégia de industrialização por substituição de importações não foi adotada apenas pelo Brasil a partir da década de 1930. Outros países latino-americanos, como o México e Argentina, também adotaram esse modelo a partir da Crise de 1929 nos EUA e a Grande Depressão norte-americana dos anos 1930. Do ponto de vista teórico, essa estratégia foi fortemente influenciada pela visão estruturalista cepalina[1], que apontava para a deterioração histórica dos termos de troca dos bens primários produzidos e vendidos por esses países, colocando-os em uma situação de vulnerabilidade externa e pobreza. A fórmula para escapar dessa armadilha viria através de uma ruptura com a estrutura de produção de *commodities* da América Latina, o que se daria através da industrialização.

O ponto chave nessa questão residia no fato de que esses países estariam ingressando tardiamente no ciclo de industrialização, uma vez que a indústria já estava consolidada nos EUA e em vários países europeus. Dessa forma, o processo não ocorreria naturalmente sem que houvesse uma ação do Estado por trás da formação de um parque industrial. Assim, a lógica subjacente ao modelo de industrialização por substituição de importações demandava uma ação direta dos governos, o que foi seguido, em grande medida, pelos governos da região.

No caso do Brasil, o Estado, ao longo do ciclo de industrialização iniciado nos anos 1930, atuou como uma espécie de agente indutor desse processo, utilizando instrumentos voltados ao protecionismo, proporcionando subsídios e incentivos fiscais ao setor industrial e, quando necessário, realizando investimentos na infraestrutura e indústria de base. O uso desses instrumentos e sua intensidade variaram ao longo dos diferentes governos, em conjunto de ações de política econômica conhecidas como desenvolvimentismo. Da mesma forma, algumas variantes ocorreram ao longo do tempo, como durante o governo Juscelino Kubitschek (1956-61), em que foi dado grande foco em projetos de investimentos em vários setores e na atração de empresas multinacionais.

De qualquer forma, os resultados em termos de crescimento econômico na América Latina foram significativos após a Segunda Guerra Mundial. Esse processo estava alinhado com a lógica de acumulação de capital, o que levou a um aumento da relação capital/trabalho ao longo do ciclo de industrialização desses países. Ao cabo do ciclo de industrialização, vários países latino-americanos atingiram o status de renda média.

A industrialização por substituição de importações latino-americanas começou a dar sinais de esgotamento no início da década de 1970, com a desaceleração do crescimento econômico em vários países da região.

--- --- --- --- ---

1 Esse termo refere-se à Comissão Econômica para a América Latina e o Caribe (CEPAL), criada em 1948 pelo Conselho Econômico e Social das Nações Unidas. A CEPAL tinha como finalidade estimular a cooperação econômica entre seus países-membro. O pensamento cepalino foi fortemente influenciado pelo seu grande expoente, o economista argentino Raúl Prebisch, cujos artigos geraram significativo impacto no pensamento econômico latino-americano nas décadas de 1950 e 1960.

154 MACROECONOMIA EMPRESARIAL

O Brasil se constituiu em uma exceção a esse quadro (vide crescimento econômico brasileiro na década de 1970 no Gráfico 8.1). Em parte, a economia se beneficiou das reformas estruturais promovidas durante o governo Castelo Branco (1964-67), o que deu as bases para o "Milagre Econômico Brasileiro" (1968-73), em que o crescimento médio do PIB chegou a 11% ao ano. Outra parte se deveu à estratégia do governo no sentido de manter o ritmo de crescimento acelerado, aprofundando o fechamento da economia e realizando investimentos maciços nas áreas de infraestrutura e indústria de base. Esse esforço foi amparado por um crescente endividamento externo, particularmente após o Choque do Petróleo, em 1973.

De qualquer forma, o modelo de industrialização por substituição de importações brasileiro e latino-americano embutia em grande medida, em si mesmo, a gênese do seu esgotamento. Vários fatores contribuíram para isso.

Em primeiro lugar, essa estratégia era baseada na acumulação de capital e no aumento da relação capital/trabalho centrada na proteção progressiva de setores manufatureiros, o que incentivava a produção industrial local. Obviamente, essa dinâmica estava limitada pela própria incorporação de novos setores a esse processo. Em outras palavras, uma vez que o parque industrial estivesse consolidado, essa mecânica deixaria de atuar.

Em segundo lugar, o modelo adotado forjou uma indústria baseada no protecionismo e nos incentivos do governo. Na prática, vários setores industriais brasileiros eram pouco competitivos internacionalmente e só sobreviviam amparados pela proteção comercial e/ou incentivos fiscais. Era comum que vários setores industriais nacionais fossem formados por poucas empresas atuando como um oligopólio sem estarem expostos à concorrência externa. Com isso, as manufaturas brasileiras daquele período tendiam a apresentar uma qualidade inferior à de outros países industrializados e com preços mais altos. Como consequência, a indústria nacional era voltada predominantemente para atender o mercado doméstico, sendo que a dimensão da sua demanda era dada por esse mercado. Reflexo disso é que as exportações de manufaturas brasileiras nunca penetraram de forma significativa os mercados das economias desenvolvidas, restringindo-se a outros países latino-americanos e africanos.

Por fim, a industrialização brasileira não solucionou o problema da desigualdade de renda. Na verdade, esse processo tendeu a aprofundar esse fenômeno, não apenas no campo social, mas também no âmbito regional. Nesse sentido, nas regiões do país onde esse processo ocorreu a renda aumentou e a infraestrutura urbana de várias cidades se desenvolveu. Isso representa um claro contraponto às regiões brasileiras que não se beneficiaram desse processo.

Estudos mostram que, a partir da década de 1970, a produtividade no Brasil passou a decair. O trabalho de Ferreira *et al* (2008)[2] sugere algumas razões para que isso tenha ocorrido nos anos 1970 e 1980, tais como o maior uso de políticas protecionistas após os choques do petróleo e as dificuldades no balanço de pagamentos brasileiro; a maior ação do Estado brasileiro em setores produtivos, particularmente a partir de meados dos anos 1970; e os efeitos sobre o sistema de preços relativos na economia decorrentes de intervenções do governo.

A década de 1980 representou um ponto de inflexão na economia brasileira em vários sentidos. O início da década foi marcado pela moratória da dívida externa e pela forte aceleração da inflação. Essas dificuldades macroeconômicas, aliadas ao esgotamento do modelo de industrialização por substituição de importações, fez com que crescimento econômico brasileiro na década desabasse quando comparado com as décadas anteriores.

Do ponto de vista econômico, os anos 1980 ficaram conhecidos como a "década perdida" e foram marcados por profundas transformações que moldaram o quadro da economia brasileira nas décadas seguintes.

A perda do dinamismo do crescimento, com o esgotamento do modelo de industrialização, colocou em xeque a estratégia baseada no protecionismo e nas políticas desenvolvimentistas de governo voltadas para a indústria. Isso ocorreu em um contexto político de redemocratização e da necessidade de o Estado brasileiro dar uma resposta às gritantes desigualdades sociais e regionais do país. O resultado dessa reflexão nacional culminou, em grande medida, na Constituição de 1988, que possui um forte caráter social. A partir da promulgação dessa Constituição, o Estado brasileiro passou a ter um papel fortemente social, tendo que abandonar suas características que o marcaram como um estado investidor nas décadas anteriores. Nesse sentido, as privatizações das empresas estatais dos anos 1990, além de visarem conferir maior eficiência a setores chave da economia brasileira, se alinhavam com a lógica de que o Estado brasileiro não possuía mais a capacidade de investimentos em áreas de infraestrutura e de indústria de base. Nessa concepção, uma vez que não seria mais o Estado que deveria realizar esses investimentos, o setor privado é que deveria realizá-los.

Outro ponto importante que marcou esse período foi a percepção de que medidas protecionistas não contribuíam mais para o crescimento econômico do país. Ao contrário, a visão predominante passou a ser de que o não acesso a equipamentos e determinados insumos importados prejudicavam a produtividade

---

2 FERREIRA, P. C.; ELLERY JR., R.; GOMES, V. Produtividade Agregada no Brasil (1970-2000): Declínio Robusto e Fraca Recuperação. *Estudos Econômicos*. v. 38, n. 1, p. 31-53. jan.-mar. 2008.

e a competitividade da economia brasileira. Ao longo da década de 1980, cristalizou-se progressivamente a ideia de que a abertura econômica era um ponto essencial para que o país voltasse a crescer. Essa percepção se converteu na abertura comercial iniciada no governo Collor e mantida nos governos Itamar Franco e Fernando Henrique Cardoso.

A década de 1980 foi marcada, também, pelo descontrole inflacionário e a hiperinflação. Nesse sentido, vale ressaltar que a inflação brasileira ao longo do ciclo de industrialização se situou, com a exceção de uns poucos anos, acima dos 10% em termos anuais. Essa inflação, em certo sentido, era uma espécie de substrato das políticas de governo voltadas para o processo de industrialização, uma vez que uma parte dessas ações era financiada via emissão de moeda. O fim do processo de industrialização e o descontrole da inflação desconectaram completamente essa lógica. Dessa forma, lidar com a problemática da inflação fora de controle tornou-se uma das prioridades nacionais, uma vez que seria impossível discutir qualquer realidade macroeconômica em um ambiente em que a inflação superava os 200% ao ano.

Desde meados dos anos 1980 até 1994, o Brasil passou por várias tentativas fracassadas de estabilização. O sucesso no controle da inflação veio apenas com o Plano Real, implementado em fases de fins de 1993 até meados de 1994. A abertura econômica e a possibilidade de o país acessar os mercados financeiros internacionais, a partir da renegociação da dívida externa no início dos anos 1990, foram fundamentais para o sucesso do plano, baseado em uma âncora cambial.

A queda da inflação a partir do sucesso desse plano representou um marco importante na transição final do modelo industrial desenvolvimentista para uma nova realidade econômica nacional. A Tabela 8.1 procura capturar algumas das características principais distintivas entre o período do ciclo de industrialização brasileira e a nova realidade verificada a partir dos anos 1990.

A transição para a nova realidade macroeconômica brasileira não foi acompanhada por um expressivo crescimento econômico. Na verdade, o crescimento econômico médio dos anos 1990 foi pouco superior ao da década de 1980. Mesmo o crescimento médio dos anos 2000 tendo sido melhor do que o verificado nas décadas anteriores, ele ficou muito aquém do verificado ao longo do ciclo de industrialização. O crescimento médio do PIB no período 2011-19 foi inferior ao verificado na década de 1980.

Contrapondo essa realidade à teoria de crescimento econômico, pode-se dizer que o Brasil trilhou uma boa parte do caminho rumo a um modelo com bases de crescimento mais sustentáveis.

TABELA 8.1
CARACTERÍSTICAS ECONÔMICAS DE LONGO PRAZO DA ECONOMIA BRASILEIRA

Elementos	Ciclo de Industrialização	Década de 1990 em Diante
Papel do Estado	• Agente indutor do crescimento. • Investidor em vários setores.	• Caráter social. • Agente responsável por reduzir as desigualdades sociais. • Privatizações e concessões de serviços públicos.
Setor externo	• Políticas protecionistas, como forma de estimular a industrialização doméstica. • Dificuldades no balanço de pagamentos.	• Abertura econômica com foco ao estímulo da competitividade da produção doméstica. • Acesso aos mercados financeiros de capitais.
Política monetária	• Acessória como instrumento para o desenvolvimento industrial.	• Orientada para o controle da inflação em patamar baixo.
Política fiscal	• Voltada para atender o crescimento econômico e da indústria.	• Delimitada pelas demandas sociais expressas no orçamento. • Dilema entre ajuste fiscal e aumentos de gastos.

FONTE: ELABORAÇÃO PRÓPRIA.

É natural e desejável que a economia brasileira registre taxas mais expressivas de crescimento econômico. Sob essa perspectiva, é essencial que o país aumente sua taxa de investimento, ampliando sua capacidade produtiva. Isso será possível através do aumento da poupança doméstica.

A resposta a essa questão recai sobre a necessidade de o setor público aumentar a sua poupança. Nos anos mais recentes, essa questão se tornou premente não apenas com relação à questão do aumento da poupança doméstica, mas também no que concerne aos riscos inflacionários oriundos de um desajuste fiscal crônico. Esse é um ponto essencial que o país tem se debatido ao longo dos últimos anos. A reforma previdenciária de 2019 foi um importante passo nessa direção.

Outro ponto importante no contexto do crescimento econômico de longo prazo diz respeito à educação. Essa é uma política essencial não apenas para a melhoria do capital humano do país, mas também representa um importante instrumento de melhoria de distribuição de renda. Nesse sentido, políticas voltadas à melhoria da educação brasileira em todos os níveis são essenciais para se imaginar que o Brasil volte a crescer em bases mais robustas no longo prazo.

Note-se que os efeitos da adoção de medidas dessa natureza só são percebidos em um horizonte de tempo longo.

SÍNTESE

- A velocidade com que a capacidade produtiva e a produtividade crescem em uma economia condicionam seu crescimento econômico de longo prazo.

- O aumento da capacidade produtiva ao longo do tempo está associado à acumulação de capital físico da economia. Nesse sentido, quanto mais capital acumulado, maior a capacidade produtiva da economia.

- A variável macroeconômica chave associada à acumulação de capital é dada pelos investimentos. Quanto maiores estes, mais capital acumulado teremos na economia. Os investimentos em uma economia são formados a partir da sua poupança.

- À medida que o capital é acumulado em uma economia, seu retorno marginal tende a decair. Isso tende a levar a um ponto em que a relação capital/trabalho atinja um ponto de equilíbrio.

- Alguns fatores podem levar a uma elevação dessa relação, como o aumento da poupança e o crescimento da produtividade via progresso tecnológico.

- Algumas políticas de governo podem ser direcionadas para estimular o crescimento econômico, como aquelas voltadas para a formação de poupança, estímulos aos investimentos estrangeiros diretos e formação de capital humano (educação).

- Em uma perspectiva de longo prazo, o Brasil atingiu expressivas taxas de crescimento durante o ciclo de industrialização iniciado na década de 1930 e encerrado no final dos anos 1970.

- Esse ciclo foi caracterizado por um processo de acumulação de capital industrial, elevando a relação capital/trabalho na economia, com aumento da produtividade e da renda na economia brasileira.

- A industrialização brasileira foi amparada por uma forte ação do Estado, que utilizava seus instrumentos em ações desenvolvimentistas voltadas para promover o crescimento do parque industrial nacional.

- O modelo de industrialização por substituição de importações brasileiro forjou uma indústria pouco competitiva em vários segmentos. Ao fim do ciclo, a produtividade deixou de crescer e a renda brasileira parou de crescer.
- A industrialização não equacionou o problema da desigualdade de renda no país.
- As décadas de 1980 e 1990 foram marcadas por profundas transformações na economia brasileira, que moldaram uma nova realidade nacional.
- O país ainda carece, nos dias de hoje, de políticas mais bem definidas para orientar seu crescimento de longo prazo em bases mais sustentáveis.

TERMOS-CHAVE

- Determinantes do crescimento econômico
- Acumulação de capital
- Poupança
- Relação capital/tabalho
- Produtividade
- Progresso tecnológico
- Capital humano
- Industrialização por substituição de importações
- Desenvolvimentismo
- Protecionismo

Questões de Revisão

1. Se a depreciação do capital é mantida constante e os investimentos aumentam, o que ocorre com o estoque de capital na economia?

2. Um aumento da poupança na economia levaria a um maior crescimento econômico? Como?

3. Como o progresso tecnológico gera impactos no crescimento econômico de longo prazo?

4. No longo prazo, como a educação gera impactos sobre o crescimento econômico?

5. Como o progresso tecnológico afeta a mão de obra? Explique.

6. Quais são as políticas de governo que podem estimular o crescimento econômico de longo prazo?

7. Qual foi a estratégia de crescimento adotada pelo Brasil entre a década de 1930 até fins dos anos 1970? Apresente as linhas gerais.

8. Por que a o modelo de industrialização brasileira embutia em si mesmo a gênese do seu esgotamento?

9. Quais são as características econômicas brasileiras durante o período da industrialização e aquelas presentes na década de 1990 em diante?

10. Quais são os desafios atuais para que o Brasil possa estabelecer uma agenda de crescimento econômico de longo prazo em bases mais sustentáveis?

CAPÍTULO 9

CONSIDERAÇÕES FINAIS: UMA BREVE REFLEXÃO SOBRE A MACROECONOMIA DE CICLOS

Conforme apontado no capítulo 2, o marco da ciência econômica moderna foi a publicação de *A Riqueza das Nações*, de Adam Smith, em 1776 na Inglaterra. Essa obra marcou o início do que ficou conhecido como Economia Clássica, cujos autores foram expoentes da ciência econômica ao longo do século XIX e suas ideias avançaram até as primeiras décadas do século XX.

Os inúmeros autores desse período tiveram contribuições significativas para a ciência, tendo o livre mercado como peça fundamental no ordenamento econômico. Uma economia que tivesse os mercados funcionando perfeitamente, de forma competitiva, atingiria o máximo bem-estar econômico.

Do ponto de vista macroeconômico, a estrutura lógica do pensamento clássico poderia ser sintetizada na Lei de Say que, simplificadamente, aponta que "toda oferta gera sua própria demanda".

Sob essa ótica, de acordo com a Lei de Say, tudo que é produzido em uma economia gera uma contrapartida de renda que, automaticamente se converte em demanda. Nessa construção, a poupança em uma economia seria formada a partir do excedente que os agentes econômicos não consumissem. Esses recursos ficariam disponíveis para agentes que quisessem utilizá-los para realizar investimentos, como novas fábricas, maquinário etc. Com isso, o ciclo da produção gerando sua própria demanda estaria fechado. A taxa de juros no mercado seria formada a partir da oferta e da demanda de poupança na economia. Por fim, a moeda nessa visão exerce a função de meio de troca, sendo um intermediário entre as transações.

Obviamente, não é preciso refletir muito para compreender que, nessa visão, a limitação da produção e da renda em uma economia seria dada pela sua capacidade de produção. Uma vez que toda produção gera renda, que se converte em demanda, a economia, automaticamente, operará no pleno emprego.

Nessa concepção, os preços e salários são plenamente flexíveis em um contexto de concorrência perfeita nos mercados. Qualquer desequilíbrio em um dos mercados será corrigido pelo mecanismo de mercado. Se ocorrer uma retração na demanda em algum mercado, tanto o preço quanto a produção apresentarão retração. Se, por outro lado, a demanda aumentar, tanto o preço quanto a quantidade produzida nesse mercado aumentarão.

Essa dinâmica pode, em boa medida, ser transposta para o conjunto da economia. Sob essa perspectiva, no caso de uma recessão, com queda da produção e da renda, o desemprego aumentará. A maior disponibilidade de mão de obra, na presença da flexibilidade de salários, levará a uma queda do nível médio de salários. Esse fenômeno, na presença da recessão, será acompanhado de um processo deflacionário e o restabelecimento do pleno emprego de maneira rápida.

O inverso ocorreria em uma situação em que a economia operasse acima do pleno emprego, o que levaria a um aumento do nível médio de salários e da inflação, resultando na volta ao pleno emprego de maneira também rápida.

Em certo sentido, essa concepção guardava alguma aderência à realidade dos fatos durante os estágios iniciais da Revolução Industrial no século XIX na Inglaterra. Nesse período, o excedente de mão de obra era relativamente alto, em um processo de transição cada vez mais intensa dos trabalhadores no meio rural para a indústria nas cidades.

À medida que o processo de industrialização avançou na Europa e nos Estados Unidos, esse excedente foi gradativamente sendo reduzido. O processo desembocou em um aumento de poder de barganha dos trabalhadores, que passaram a se estruturar em torno de organizações trabalhistas e sindicatos em fins do século XIX e nas primeiras décadas do século seguinte.

No âmbito dessas transformações, as relações entre trabalhadores e empresas foram gradativamente se alterando. As demandas por direitos trabalhistas levaram a mudanças institucionais que moldaram uma nova conformação no mercado de trabalho. Nesse processo, garantias aos trabalhadores foram negociadas, o que levou a um gradativo enrijecimento dos salários no âmbito das

CONSIDERAÇÕES FINAIS: UMA BREVE REFLEXÃO... **163**

flutuações do emprego. A flexibilidade dos salários nominais era uma peça fundamental no processo de ajuste rápido das economias em torno do pleno emprego. A gradativa rigidez dessa variável tornou o processo de retorno ao pleno emprego cada vez mais lento.

KEYNES E A GRANDE DEPRESSÃO DOS ANOS 1930

A Grande Depressão dos anos 1930, nos EUA, tornou-se um marco fundamental na ciência econômica. Nesse contexto, a economia norte-americana passou a ter uma importância cada vez maior no cenário global. Os anos 1920 marcaram um período de prosperidade e crescimento na economia dos EUA. Esse ciclo de bonança se refletiu sobre o preço das ações, que passou a atingir novos e sucessivos recordes a cada período. Os preços das ações passaram a registrar, cada vez mais, um descolamento em relação aos preços dos demais ativos, iniciando uma espiral de euforia, que seria verificada durante a segunda metade dos anos 1920.

Esse processo se inverteu subitamente em 1929. Em outubro daquele ano, a cotação das ações registrou uma forte queda, detonando um movimento de venda que levou o preço das ações a um patamar significativamente mais baixo do que o verificado em anos anteriores.

Esse fenômeno não ficou restrito apenas ao mercado acionário. A queda dos preços das ações foi seguida por um forte movimento de quebra de instituições financeiras e de empresas. O início da década de 1930 foi marcado por uma profunda recessão na economia norte-americana. O PIB encolheu cerca de 30% entre 1930 e 1932 e a taxa de desemprego atingiu patamar superior a 20%.

A recessão enfrentada na economia americana se espalhou para as demais economias do planeta, e diversos países também entraram em recessão como um reflexo desse fenômeno.

No contexto do marco teórico científico do século XIX e das primeiras décadas do século XX, seria razoável esperar que a recessão seria breve, com um ajuste rápido do mercado de trabalho e retorno ao pleno emprego nos EUA e nas demais economias. No entanto, não foi o que se verificou nos anos seguintes. A queda expressiva do PIB nos primeiros anos da década de 1930 não foi acompanhada por um rápido restabelecimento do pleno emprego.

Ao contrário disso, os anos seguintes foram marcados por uma economia prostrada, que começou a se recuperar lentamente na segunda metade daquela década. De fato, só pode se afirmar que a economia norte-americana estava plenamente recuperada quando os EUA já estavam com a produção voltada para atender às demandas do esforço de guerra decorrentes da Segunda Guerra Mundial (1939-1945).

Esse evento deixou exposta a fratura existente na ciência econômica, cujo marco teórico não se mostrou satisfatório para explicar a possibilidade de ocorrência de um evento como a Grande Depressão. Adicionalmente, o escopo científico à época não fornecia instrumentos adequados sobre como abreviar a recessão que se instalara.

Esse quadro mudou a partir da publicação da *Teoria Geral do Emprego, do Juro e da Moeda*, de John Maynard Keynes, economista inglês de Cambridge, em 1936.

Embora seja uma obra de entendimento relativamente complexo, sua mensagem era clara no sentido de apontar o risco potencial de insuficiência de demanda existente nas economias capitalistas. Esses riscos passaram a ser exacerbados a partir da rigidez de preços e salários, que impediam o rápido restabelecimento do equilíbrio dos mercados e o retorno ao pleno emprego.

Nesse sentido, o Keynes apontava que a Lei de Say, em que toda a oferta gera sua própria demanda, nem sempre funcionava, pelo menos não no curto prazo. Isso significa que a economia capitalista poderia estar sujeita a problemas associados a uma demanda insuficiente para absorver a produção existente. O acúmulo de estoques decorrente desse fenômeno levaria a uma queda do emprego. Se os salários fossem plenamente flexíveis, observaríamos uma rápida queda dos mesmos e o ajuste natural de volta ao pleno emprego ocorrendo em um espaço relativamente curto de tempo.

No entanto, na visão de Keynes, esse processo não seria tão rápido. Isso poderia levar as economias capitalistas a enfrentarem períodos prolongados de recessão e desemprego. Em outras palavras, o custo social potencial seria altíssimo em um ciclo recessivo.

A revolução na ciência econômica detonada por Keynes não se limitou apenas à identificação do problema, mas também apontou os instrumentos que seriam essenciais para lidar com essa questão.

A abordagem keynesiana identificou os riscos potenciais oriundos de um processo de insuficiência de demanda crônica em um ciclo recessivo. Nesse processo, as famílias, ante o desemprego crescente e a queda da renda, estariam retraindo seu consumo. As empresas, por sua vez, diminuiriam sua demanda por novos investimentos ante a queda da demanda, o acúmulo de estoques e a capacidade ociosa na economia. Em outras palavras, a demanda do setor privado estaria em retração constante em um contexto de ajuste lento.

Em face disso, a visão keynesiana apontava que essa insuficiência de demanda deveria ser preenchida pelo ator da economia que não está sujeito aos

CONSIDERAÇÕES FINAIS: UMA BREVE REFLEXÃO... **165**

maus humores do mercado: o governo. Nessa visão, ele deveria atuar de forma a estimular a demanda via uso de instrumentos fiscais, aumentando seus gastos e/ou diminuindo impostos, e, com isso, aumentando a renda disponível das famílias para o consumo.

Os estímulos à demanda promovidos pelo governo levariam a uma redução dos estoques na economia. Essa queda levaria a uma reativação da produção, levando a um crescimento da renda e à queda do desemprego. Em outras palavras, a ação do governo levaria a uma inversão dinâmica imposta pela recessão, provocando uma reação do lado da produção e da renda, reativando a atividade do setor privado.

Os estímulos do governo, no entanto, não deveriam ser permanentes e, uma vez que o pleno emprego estivesse restabelecido, eles deveriam cessar. Dessa forma, o governo deveria ser um ator cuja ação seria restrita a reconduzir a economia de volta ao pleno emprego e, a partir daí, o setor privado comandaria o processo econômico.

O keynesianismo tornou-se a corrente principal de pensamento no âmbito macroeconômico a partir dos anos 1930. Essa visão reinseriu o estado como um importante ator no contexto do ciclo econômico, o que se contrapôs à doutrina liberal do século XIX e início do século XX.

A visão estabelecida por Keynes deixou claro que a análise econômica baseada na dinâmica pura dos mercados se mostrava incapaz de dar as respostas necessárias para lidar com os ciclos econômicos de forma adequada.

Como decorrência direta desse fenômeno, a ciência econômica passou a abranger dois grandes campos teóricos. Um deles voltado ao estudo da dinâmica dos mercados e como os mesmos se organizam. Esse ramo, que tem como origem a teoria econômica neoclássica, passou a ser conhecido como Microeconomia. Outro ramo ficou voltado ao estudo dos grandes agregados econômicos, como produção, renda, emprego, inflação etc. e passou a ser conhecido como Macroeconomia.

A ERA DE OURO DO KEYNESIANISMO

A teoria macroeconômica passou a ganhar forma e corpo nas décadas seguintes à publicação da obra de Keynes. Um marco importante da difusão da teoria keynesiana se deu a partir da publicação do artigo de John Hicks, em 1937[1]. Esse artigo trouxe uma interpretação matematicamente simples e graficamen-

---

1 HICKS, J. R. Mr. Keynes and the Classics: A Suggested Interpretation. *Econometrica*. v. 2, n. 5, 1937.

166 MACROECONOMIA EMPRESARIAL

te clara dos principais pontos da teoria, dando a base para o que é conhecido até hoje como Modelo IS/LM.

Esse modelo incorpora não apenas a política fiscal no contexto do governo influenciar o nível da atividade econômica, mas também ilustra de forma clara o potencial da política monetária nesse processo. Nesse modelo, uma das formas do governo estimular a economia seria via aumento da emissão de moeda. Isso levaria a uma redução da taxa de juros e ao consequente aumento da demanda por novos investimentos na economia.

No plano prático, os governos enxergaram nas ferramentas proporcionadas pelo keynesianismo uma via para levar a economia permanentemente ao pleno emprego e, com isso, evitar recessões e o desastre vivenciado nos anos 1930. A visão dos governos nas décadas de 1950 e 1960 era de que a política fiscal seria mais eficiente do que a monetária nesse sentido. Essa foi uma era marcada pelo ativismo fiscal dos governos.

Do ponto de vista teórico, os anos subsequentes à publicação do trabalho de Keynes foram marcados pela tentativa da reconciliação do seu trabalho à teoria econômica neoclássica convencional, em um esforço que ficou conhecido como Síntese Neoclássica. A despeito disso, a Macroeconomia seguiu como um ramo da ciência em que a explicação dos grandes agregados macroeconômicos não se alinhava diretamente com a lógica da teoria econômica dos mercados (Microeconomia).

Uma contribuição importante à teoria keynesiana ocorreu no final dos anos 1950, com o estabelecimento da curva de Phillips. Conforme apontado anteriormente, a rigidez nominal de preços e salários representou uma peça importante na explicação da problemática da insuficiência de demanda e dos ciclos econômicos. No entanto, é razoável supor que a hipótese de rigidez de salários se mantenha apenas no curto (e, eventualmente, no médio) prazo. Ao longo do tempo, os salários flutuam e, obviamente, a essa variação influencia diretamente os custos de produção e os preços dos bens e serviços na economia.

A explicação a esse fenômeno veio com a publicação, em 1958, do artigo do economista neozelandês, A. W. Phillips[2], mostrando uma relação inversa entre a taxa de desemprego e taxa de variação dos salários nominais. Subsequentemente, outros economistas realizaram testes similares para outros países encontrando relações similares e, nos anos 1960, foi realizada a conexão formal entre o desemprego e a inflação.

- - - - - - - - -

2 PHILLIPS, A.W. The Relation between Unemployment and the Rate of Change of Money Wage Rates in the United Kingdom, 1861–1957. *Economica*. nov. 1958.

A crença formada naquele período é que a relação estabelecida pela curva de Phillips era estável. Em outras palavras, seria sempre possível "trocar" menos desemprego por mais inflação em uma base estável e constante ao longo do tempo.

Com a curva de Phillips, os keynesianos dos anos 1960 tinham a seu dispor todas as explicações teóricas e instrumentos para influenciar a economia. O uso de grandes modelos estatísticos conferia segurança acerca do que deveria ser feito no plano fiscal, garantindo o pleno emprego da economia. No entanto, o futuro não se mostrou tão róseo assim.

CRÍTICAS, ESTAGFLAÇÃO E A MORTE DO KEYNESIANISMO

As críticas ao excesso de ativismo do governo no plano fiscal começaram a surgir no final da década de 1960. O maior crítico nesse período foi o economista Milton Friedman, um dos líderes da escola monetarista de Chicago. De acordo com a visão monetarista, a grande fonte de instabilidade econômica não vem do setor privado, e sim da ausência de regras de política econômica do governo. Nesse sentido, as ações de política econômica seriam muito mais desestabilizadoras do que levariam à estabilidade do ciclo econômico. Adicionalmente, os monetaristas apontavam que as economias possuem uma taxa natural de desemprego, delimitada por características estruturais, e que os agentes formam expectativas acerca da inflação. Caso a taxa de desemprego se situasse abaixo do patamar natural, com aceleração da inflação, os agentes esperariam que esse novo patamar de inflação passaria a predominar no período seguinte. Com isso, mesmo que a taxa de desemprego voltasse ao nível natural, a inflação seria mais elevada. Para que ela fosse reduzida, a economia teria que arcar com um desemprego mais elevado, acima da taxa natural.

Em termos práticos, o que os monetaristas estavam dizendo é que a curva de Phillips não era estável, como os keynesianos acreditavam, e a "troca" entre desemprego e inflação não seria permanente como se imaginava até então. Os monetaristas alertavam para os riscos inflacionários do excesso de ativismo da política fiscal, com foco em manter a economia sempre no pleno emprego, e na ausência de regras explícitas de emissão de moeda.

Outra fonte de críticas ao keynesianismo veio da escola dos Novos Clássicos, no início dos anos 1970. Uma grande contribuição teórica dessa linha de pensamento se deu através da incorporação de expectativas racionais na Macroeconomia. A ideia subjacente das expectativas racionais é que os agentes econômicos (famílias, empresas etc.) "conhecem" como a economia funciona e utilizam toda informação disponível para formar suas expectativas (e não cometem erros sistemáticos). Isso significa que se o governo anuncia que irá praticar uma política expansionista, os agentes incorporam essa informação imediatamente nas suas expectativas (inclusive demandarão maiores salários com base nessa informação) e isso anulará automaticamente o efeito real em termos de produção e emprego pretendido pela política. O único efeito observável será o aumento da inflação. De acordo com os Novos Clássicos, uma política econômica só terá efeitos reais se ela não for de conhecimento do público (preanunciada), mas isso, evidentemente, terá um custo de credibilidade.

Uma derivação teórica importante dos Novos Clássicos, também nos anos 1970, foi a teoria dos Ciclos Reais de Negócios (*Real Business Cycles*), em que a ênfase nas flutuações dos negócios é colocada nas mudanças nas oportunidades reais da economia privada, como choque tecnológicos, mudanças nas condições ambientais etc. Uma importante contribuição dessa linha de pensamento vem da sua metodologia, que é construída com base em agentes representativos que tomam decisões otimizando intertemporalmente (ou seja, olhando adiante).

De qualquer forma, o volume de críticas não teria ganhado tanta força se os fatos não tivessem imposto uma dura realidade aos keynesianos. Desde meados dos anos 1960, a taxa de desemprego caiu recorrentemente nos EUA, situando-se abaixo dos 4%. Ao mesmo tempo, a inflação começou a subir gradativamente, chegando a mais de 5% em 1969. Na sequência, o governo tentou desacelerar a economia, elevando o desemprego, na expectativa de derrubar a inflação, que demorou a cair no início da década de 1970.

A problemática maior na economia norte-americana veio com o Primeiro Choque do Petróleo, em 1973, que provocou uma expressiva alta do preço internacional da *commodity*. Isso teve um efeito extremamente perverso sobre a inflação norte-americana e mundial.

Os anos 1970 nos EUA foram marcados por desemprego elevado e inflação alta, sendo reconhecidos como um período de estagflação (estagnação econômica somada à inflação). O Segundo Choque do Petróleo, de 1979, apenas retroalimentou a problemática em uma década complicada em termos econômicos.

O ano de 1979 também foi marcado pela chegada de Paul Volcker, economista de tradição monetarista, à presidência do Federal Reserve. Como objetivo principal, Volcker mirava o controle da inflação e, para isso, controlou a emissão de moeda nos EUA. A contrapartida desse processo foi a forte elevação da taxa de juros norte-americana no início da década de 1980.

NOVOS KEYNESIANOS, NOVA SÍNTESE NEOCLÁSSICA E A GRANDE MODERAÇÃO

A inflação norte-americana cedeu no início dos anos 1980 e, gradativamente, o Fed moveu-se da fixação da quantidade de moeda para operar através de operações em mercado aberto.

Naquela década, a reação keynesiana às críticas das décadas anteriores veio numa família de modelos que incorporavam expectativas racionais, mas que assumiam que, na presença de falhas de mercado, a economia não necessariamente converge automaticamente para o pleno emprego. Os modelos desenvolvidos apontavam que, mesmo com expectativas racionais, era possível a existência de rigidez de preços e de salários. Isso tornava possível que a economia se situasse abaixo do pleno emprego, abrindo espaço para ação de política econômica para influenciar o ciclo econômico.

Nos anos 1990, os economistas passaram a combinar a modelagem desenvolvida na teoria dos Ciclos Reais de Negócios com os elementos dos modelos Novos Keynesianos. Basicamente, essa modelagem passou a combinar elementos dos modelos de Ciclos Reais de Negócios com concorrência imperfeita e rigidez de preços e salários. Isso deu a base ao que é conhecido como Nova Síntese Neoclássica, uma vez que essa abordagem reconciliou elementos da teoria keynesiana à teoria neoclássica.

Com o passar do tempo, os modelos foram se tornando cada vez mais sofisticados e complexos matematicamente. A abordagem adotada passou a incorporar diversos aspectos macroeconômicos em um contexto de equilíbrio geral. As abordagens mais recentes trabalham com modelos de equilíbrio geral dinâmicos estocásticos (*Dynamic Stochastic General Equilibrium Models,* DSGE). Esse tipo de modelagem passou a ser amplamente utilizada nos dias de hoje pelos bancos centrais ao redor do mundo para análise da política monetária.

Do ponto de vista da prática da política econômica, a partir dos anos 1980, o ativismo fiscal foi abandonado completamente e a política monetária passou a ser o principal foco dos governos para fazer a sintonia fina na economia e estabilizar o ciclo econômico.

O período situado entre meados dos anos 1980 e 2007 ficou conhecido como Grande Moderação, com redução na volatilidade dos ciclos de negócios, inflação mais moderada, juros mais baixos e desemprego menor. Isso foi associado a mudanças estruturais nas economias, avanços tecnológicos e melhor eficiência na gestão corporativa e avanços institucionais na forma de condução da política econômica.

CRISE DE 2008, POLÍTICA MONETÁRIA NÃO CONVENCIONAL E PANDEMIA

A crise do *subprime* nos EUA, em 2007, e a quebra do banco de investimentos Lehman Brothers, em 2008, colocaram um fim ao período da Grande Moderação. A partir desses eventos, o Federal Reserve teve de agir injetando maciçamente liquidez no sistema financeiro para evitar uma ruptura que levasse a uma recessão profunda.

Do ponto de vista da política econômica, a crise forçou uma flexibilização da política monetária e vários bancos centrais baixaram rapidamente a taxa de juros. No plano fiscal, a política adotada teve um caráter expansionista, como uma forma de evitar um aprofundamento recessivo. Em grande medida, esse tipo de ação lembrou uma clássica política keynesiana.

Os anos que se seguiram à crise de 2008 foram marcados pelo uso de instrumentos não convencionais de política monetária em diferentes países[3]. Os efeitos macroeconômicos da utilização desses instrumentos ainda não são plenamente conhecidos, mas claramente essa temática abriu uma agenda de pesquisa recente. Outro ponto importante de análise recente diz respeito das medidas macroprudenciais que deveriam ter sido adotadas para evitar um evento como o que ocorreu em 2008. Várias pesquisas têm caminhado nessa direção.

A pandemia de 2020 trouxe novamente à tona a necessidade de os governos atuarem para evitar o colapso das economias. A prática de políticas fiscais expansionistas entrou mais uma vez na ordem do dia. Junto com ela entrou a questão do endividamento público em um ambiente de baixo crescimento. Possivelmente, essa será uma agenda de pesquisa a ser lidada nos próximos anos.

---

3 Esses instrumentos estão descritos no capítulo 5.

SÍNTESE

- A macroeconomia clássica assumia como hipótese a concorrência perfeita e a total flexibilidade de preços e salários. A economia sempre operava no pleno emprego, não havendo a necessidade de o governo atuar diretamente com a política econômica.

- Mudanças institucionais ocorridas em fins do século XIX e início do século XX tornaram os preços e salários mais rígidos, afetando diretamente a hipótese básica da macroeconomia clássica.

- A Grande Depressão dos anos 1930 representou um marco histórico que mudou a ciência econômica e a forma com que os governos passaram a atuar nas economias.

- O keynesianismo mostrou que, na presença da rigidez de preços e salários, as economias podem estar sujeitas à insuficiência de demanda. Nesse sentido, o governo passa a ter papel relevante, através da política econômica, no sentido de influenciar a demanda agregada e levar a economia ao pleno emprego.

- As décadas de 1950 e 1960 foram a era de ouro do keynesianismo. A curva de Phillips, que relacionava desemprego com inflação, foi a peça teórica final que explicava como as economias funcionavam.

- As críticas ao keynesianismo, particularmente dos monetaristas, apontavam que o excesso de ativismo fiscal do governo poderia levar a surtos inflacionários, o que acabou ocorrendo nos anos 1970.

- As contribuições dos Novos Clássicos, dos teóricos dos Ciclos Reais de Negócios e dos modelos Novos Keynesianos formaram a base para a Nova Síntese Neoclássica dos anos 1990, que representou, em certo sentido, uma reconciliação da macroeconomia keynesiana com a teoria neoclássica.

- Os avanços na modelagem permitiram o uso de modelos cada vez mais sofisticados, que incorporam todos os grandes blocos da economia, com agentes que formam expectativas racionais e otimizam intertemporalmente (olhando adiante). Esses modelos são conhecidos como modelos DSGE.

- O período entre meados da década de 1980 e 2007 ficou conhecido como Grande Moderação. Essa era se encerrou com a crise do *subprime,* em 2007, e a quebra do banco Lehman Brothers, em 2008.

- Ao longo da última década, vários bancos centrais fizeram uso de instrumentos de política monetária não convencionais. Os efeitos do uso desses instrumentos ainda não são plenamente conhecidos, representando uma agenda de pesquisa a ser trilhada.

TERMOS-CHAVE

- Macroeconomia clássica
- Grande Depressão
- Keynesianismo
- Curva de Phillips
- Monetarismo
- Novos Clássicos
- Ciclos Reais de Negócios
- Novos Keynesianos
- Nova Síntese Neoclássica

Questões de Revisão

1. Quais são as hipóteses da macroeconomia clássica?

2. Quais foram as mudanças institucionais que ocorreram em fins do século XIX e início do século XX que afetaram as hipóteses da macroeconomia clássica?

3. Explique brevemente o que foi a Grande Depressão dos anos 1930.

4. Explique a lógica de Keynes da problemática potencial de insuficiência de demanda das economias.

5. Qual a solução de Keynes para levar as economias de volta ao pleno emprego?

6. Qual a contribuição da curva de Phillips à teoria keynesiana?

7. Quais os principais pontos da crítica monetarista ao keynesianismo?

8. Por que na visão dos Novos Clássicos uma política econômica preanunciada pelo governo não teria efeitos reais sobre a produção e a renda da economia?

9. Como se deu a reação dos keynesianos aos Novos Clássicos e aos teóricos dos Ciclos Reais de Negócios?

10. O que é a Nova Síntese Neoclássica?

ÍNDICE

A
Acordo de Bretton Woods, 123–125
Adam Smith, 161
agregado econômico, 10

B
balanço de pagamentos, 137–139
bens
  de capital, 28–34
  de investimento, 28–34
  de produção, 28–34

C
China, 12, 124
ciclo econômico, 10–15, 108–110
Ciclos Reais de Negócios, 168–172
Comitê de Política Monetária, 87, 100–103
Consumer Price Index, 42–47. *Consulte também* Índice de Preços ao Consumidor
crescimento econômico, 26
  de longo prazo, 146–159
  determinante, 145–159
crise econômica

Crise da Ásia, 124
Crise de 1929, 152
Crise do México, 124
Crise do Petróleo, 77, 82, 109, 154, 155, 168
Grande Depressão, 19, 108, 152, 163–165
Grande Recessão, 95, 110, 170
currency board, 135
curva de Phillips, 53, 166–167

D
deflação, 41
demanda agregada, 24–39, 61–80
  consumo das famílias, 62–63
  exportação, 64–66, 74–75
  gastos do governo, 64
  importação, 65–66, 74–75
  investimentos, 63–64, 147–149
  poupança, 147–149
depósito compulsório, 88–89
desemprego, 50–52
  estrutural, 51
  friccional, 51
  taxa de, 50–52

natural, 51, 55
desenvolvimentismo, 153
desinflação, 41
dinâmica de mercado, 3–16
dólar comercial, 140

E

economia
  capitalista, 2
  clássica, 18, 108, 161
  conceito, 2
emprego, 50–52
estagflação, 168

F

fatores de produção, 23–39
  aluguel, 23–39
  capital, 23–39
  conceito, 23
  juros, 23–39
  trabalho, 23–39
Federal Reserve, 81, 95, 168, 170

G

Grande Moderação, 169

I

indicadores fiscais, 111–115
  abrangência, 111–112
  dívida pública, 114–115
  regime
    de caixa, 113
    de competência, 113
  resultado
    nominal, 112

operacional, 112
  primário, 112
Índice
  de Atividade Econômica do Banco
    Central, 37
  de Preços
    ao Consumidor, 43–47
    ao Produtor, 42–47
    Geral, 42–47
    Nacional de Custo de Construção,
      46
industrialização, 11, 151–159
inflação, 41–57
  benefícios, 48–50
  conceito, 41
  custos, 48–50
  metas, 96–99

J

John Maynard Keynes, 19, 109,
  164–172

K

keynesianismo, 19, 109–110, 164–172

L

Lehman Brothers, 12, 95, 170
Lei de Say, 161–163

M

macroeconomia, 8–9, 60–80, 165–167
mercado cambial, 140
microeconomia, 7–8, 165, 166
Modelo IS/LM, 166

ÍNDCE 177

moeda
  apreciação, 12, 65, 94, 126–142
  depreciação, 30–31, 65, 126–142, 147

N
Nova Síntese Neoclássica, 169
Novos Clássicos, 167
Novos Keynesianos, 169

O
operação
  de redesconto, 89–90
  em mercado aberto, 84–87

P
padrão-ouro, 19
Paul Volcker, 168
Pesquisa
  de Emprego e Desemprego, 52
  de Orçamentos Familiares, 43
  Nacional por Amostra de Domicílios, 51
Plano Real, 41, 48, 116, 123, 156
política
  cambial, 75, 123–142
  econômica, 70–73
    conceito, 72
  fiscal, 72–73, 105–121
    conceito, 105
    discricionária, 107
    estabilizadores automáticos, 107–108
    funções, 106–108
    instrumentos, 106–108
  monetária, 72–73, 81–103

canais de transmissão, 91–94
conceito, 81
implementação, 100–101
instrumentos, 84–94
não convencional, 94–96
objetivos, 82–83
Producer Price Index, 42–47. *Consulte também* Índice de Preços ao Produtor
Produto Interno Bruto, 27–39, 59
  conceito, 27
  deflator, 32
  nominal, 32
  real, 32
progresso tecnológico, 149–150

R
Real Business Cycles, 168–172. *Consulte também* Ciclos Reais de Negócio
regime cambial, 124–142
  conceito, 133
  fixo, 133
  flutuante, 75, 133–142
renda, 21–39
  agregada, 24–39
  fluxo de, 22–27
  interna, 30
  Líquida Enviada ao Exterior, 30
  nacional, 30–34
riqueza, 17–39

S
salário, 2
Secretaria do Tesouro Nacional, 114–115

178 ÍNDCE

Selic, 86–103
senhoriagem, 49
Síntese Neoclássica, 166

T

taxa
  de câmbio, 65, 74–75, 125–137
    nominal, 125–129
    real, 129–132
  de desocupação, 51–52
  de juros
    paridade, 137
teoria do consumidor, 7

V

variável
  estoque, 20–27
  fluxo, 20–27
  síntese, 27

Projetos corporativos e edições personalizadas

dentro da sua estratégia de negócio. Já pensou nisso?

Coordenação de Eventos
Viviane Paiva
viviane@altabooks.com.br

Assistente Comercial
Fillipe Amorim
vendas.corporativas@altabooks.com.br

A Alta Books tem criado experiências incríveis no meio corporativo. Com a crescente implementação da educação corporativa nas empresas, o livro entra como uma importante fonte de conhecimento. Com atendimento personalizado, conseguimos identificar as principais necessidades, e criar uma seleção de livros que podem ser utilizados de diversas maneiras, como por exemplo, para fortalecer relacionamento com suas equipes/ seus clientes. Você já utilizou o livro para alguma ação estratégica na sua empresa?

Entre em contato com nosso time para entender melhor as possibilidades de personalização e incentivo ao desenvolvimento pessoal e profissional.

PUBLIQUE SEU LIVRO

Publique seu livro com a Alta Books.
Para mais informações envie um e-mail para: autoria@altabooks.com.br

 /altabooks   /alta-books   /altabooks   /altabooks

CONHEÇA OUTROS LIVROS DA **ALTA BOOKS**

Todas as imagens são meramente ilustrativas.

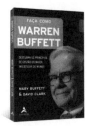 

Este livro foi impresso nas oficinas gráficas da Editora Vozes Ltda.,
Rua Frei Luís, 100 – Petrópolis, RJ.